自分の顔が好きですか？

「顔」の心理学

你喜欢自己的脸吗？
深度解读容貌对个体的影响

[日] 山口真美 / 著
夏瑞红 / 译

机械工业出版社
China Machine Press

图书在版编目（CIP）数据

你喜欢自己的脸吗：深度解读容貌对个体的影响 /（日）山口真美著；夏瑞红译 . —北京：机械工业出版社，2018.4
ISBN 978-7-111-59594-6

I. 你… II. ①山… ②夏… III. 心理学 IV. B84

中国版本图书馆 CIP 数据核字（2018）第 063662 号

本书版权登记号：图字 01-2018-1327

JIBUN NO KAO GA SUKI DESUKA? "KAO" NO SHINRIGAKU by Mami Yamaguchi
© 2016 by Mami Yamaguchi
Originally published in 2016 by Iwanami Shoten, Publisher, Tokyo.
This simplified Chinese edition published in 2018 by China Machine Press by arrangement with the proprietor c/o Iwanami Shoten, Publishers, Tokyo.
Simplified Chinese translation rights arranged with Mami Yamaguchi through Bardon-Chinese Media Agency. This edition is authorized for sale in the People's Republic of China only, excluding Hong Kong, Macao SAR and Taiwan.
No part of this book may be reproduced or transmitted in any form or by any means, electronic or mechanical, including photocopying, recording or any information storage and retrieval system, without permission, in writing, from the publisher.
All rights reserved.

本书中文简体字版由 Mami Yamaguchi 通过 Bardon-Chinese Media Agency 授权机械工业出版社在中华人民共和国境内（不包括香港、澳门特别行政区及台湾地区）独家出版发行。未经出版者书面许可，不得以任何方式抄袭、复制或节录本书中的任何部分。

你喜欢自己的脸吗：深度解读容貌对个体的影响

出版发行：机械工业出版社（北京市西城区百万庄大街 22 号　邮政编码：100037）
责任编辑：朱婧琬　　　　　　　　　　　　　　责任校对：殷　虹
印　　刷：三河市宏图印务有限公司　　　　　　版　　次：2018 年 6 月第 1 版第 1 次印刷
开　　本：230mm×170mm　1/16　　　　　　　印　　张：7.75
书　　号：ISBN 978-7-111-59594-6　　　　　　定　　价：49.00 元

凡购本书，如有缺页、倒页、脱页，由本社发行部调换
客服热线：（010）68995261　88361066　　　　　投稿热线：（010）88379007
购书热线：（010）68326294　88379649　68995259　读者信箱：hzjg@hzbook.com

版权所有 • 侵权必究
封底无防伪标均为盗版
本书法律顾问：北京大成律师事务所　韩光 / 邹晓东

前言 Preface

你在意别人的脸吗？

有人对初次见面的人的脸和名字能很快就记住，或擅长在街上发现名人，又或"那谁谁谁，不会是整容了吧"，和朋友们聊得欢畅。对于别人的脸型和容貌，我们总想去探个究竟。

你是很在意别人的人吗？

有很担心惹别人生气的人，也有伤害了别人感情也跟没事儿人一样的人，还有惹怒了别人却完全无动于衷的人。

在我们的周围，总是有不能和朋友融洽相处的人吧。在学校外面碰到了同学也装作没看见，选择无视；总是按自己的节奏，从不去迎合周围，反而毫无顾忌地肆意闯入他人的世界，一直做着让人讨厌的事却一点儿都不在乎的人难道没有吗？

事实上，有些人擅长观察人的脸和表情，有些人则不擅长。还有些人，无论如何努力，也很难读懂别人的心情。对于这样的人来讲，他们并非故意不去理解别人的感受，而是不知道这世界上还有可轻松读懂他人心意的能力存在。他们意识不到自身的问题所在，只能独自默默苦恼。

接下来是关于自己的脸的问题。你喜欢自己的脸吗？

"非常喜欢自己"的人，我想还是少数吧。即使小的时候不在意，到了在意周围眼光的年龄时，多少都会有感觉自卑的地方吧。最能体现这种心理的地方可能就是脸。

当然，也有完全不在意外貌的人。真的完全不介意的人中，也有故意不看自己的情况。

无论关心与否，谁都有一张脸。和人见面时给人看到的就是脸，而看站在面前的人时，我们看的也是脸。生活中我们通过脸来读取各种信息，通过脸可以知道某个人是男的还是女的，大概年龄是多少。

最近的果汁自动贩卖机好像就可以通过机器来识别这

些信息。顾客站到贩卖机前，机器读取顾客的性别和年龄，然后推荐适合的商品。所推荐的适合顾客年龄和性别的商品会在正中央展示出来。给年轻女性推荐保持健康的饮品，给中年男性推荐增强耐力的饮品，给年轻男性推荐清凉饮料等，都会展现在人们眼前。真是很有意思的技术。

特别是对于日本人，通过脸可以进行很微妙的交流。通过后面叙述的与欧美比较的研究，我们可以明白，即使从世界范围来看，这种细腻的感受和交流能力也是十分特殊的。

在学校的班级中，会有一种"不能破坏氛围"的默认规矩吧。"氛围"似乎是一个高深的概念，但理解并分析所处的氛围是很重要的。所谓氛围，是由不同人的脸和姿态所做出的细微动作营造出来的。每一个人脸上的表情和姿态共同营造出了整体的氛围。

有能读懂人们脸部细微表情的专家。在伪装感情的时候，人类在什么时间做出什么样的表情，这些都有科学上的解释。这个领域的第一人是美国的心理学家艾克曼，他发明了面向税务和审判工作人员的练习方法。接受这种破译表情的培训，工作人员识破嫌犯谎言的可能性会提高，在普通大众中寻找出可疑人物也变得可能。

艾克曼的研究以接受培训为前提，其关键在于，只要接受培训，谁都可以获得解读他人表情的能力。即使不能像专家那样能一次又一次地揭穿对方的谎言，但不管是谁都能拥有这种能力，只不过我们是在无意识状态下使用这种能力的。

实际上，从很多实验中可得出结论，人会在无意识下对脸产生反应。在平常生活中，我们也会无意识地感觉到对方微妙的伪装或心理缝隙。也就是说，我们很可能在无意识中读取对方的脸形、表情、姿态和举止，通过这些来感受到无法用语言来表达的"氛围"。

美国有研究称，决定国家政策的重要选举是由选民对候选者的脸的瞬间判断而决定的。就像在不知情的状况下，我们过着由脸左右的社会生活一样。

怎么样，你想知道更多关于脸的事情吗？

脸可以说是我们和社会连接的节点。人们用脸创造的表情来相互传达感情和心情，通过脸来认识他人、表现自身。本书将会围绕脸的不可思议来聊一聊。

目 录 Content

前言

第1章
脸是心灵之窗
你的窗是敞开的吗

- 你喜欢自己的脸吗 \1
- 什么样的脸有优势 \3
- 通过镜子无法正确认识自己的脸 \6
- 怎样和『看着不顺眼的脸』相处 \8

第2章
脸是交流神器
什么是脸的社会性

- 第一印象的魔法 \11
- 『无法认脸』的人们 \13
- 『认脸』关乎大脑 \14
- 大脑如何认脸 \16
- 三十而立的认脸能力 \19
- 观察脸时的奇异现象 \21
- 哪里都能看见脸! \22
- 你擅长记脸吗 \23
- 利用情绪来记脸 \25
- 记脸的诀窍 \28
- 青春期的伙伴关系 \29
- 婴儿如何记脸 \31
- 如何与『不擅长认脸』的人相处 \33

第 3 章

眼睛拥有与口相媲美的表达力

你在意他人的视线吗

- 敏感的日本人 \55
- 运用心理学时的小贴士 \53
- 日本人没有视线交流 \52
- 视线是交流之源泉 \50
- 婴儿与母亲的共同成长 \49
- 视线读取能力的发育 \48
- 对视线敏感和钝感的人 \45
- 为什么会产生视线恐惧 \42
- 「眼神」支配魅力？ \39
- 视线可怕吗 \37

第 4 章

漂亮的证件照

- 想变成什么样的脸？想给别人看什么样的脸 \75
- 通过化妆来改变？ \72
- 皮肤中展现出的健康和魅力 \71
- 脸的加工：整容和牙科矫正 \69
- 修正了的照片也是「我的脸」吗 \67
- 根据通缉犯的照片能抓到犯人吗 \65
- 照片中的脸是什么样的 \62
- 脸可以表现人物吗 \60
- 脸部照片：媒介的历史 \59

第 5 章

展现魅力表情

表情识别能力的发育 \90

无法识别表情的人 \88

文化不同，表情也各异吗 \85

表达魅力表情的必要条件 \84

表情与情感紧密相连 \82

表情是交流的原点 \80

如果无法展现表情 \79

第 6 章

男与女，大人与孩子
脸的成长和心灵的成长

大人的脸和孩子的脸 \93

什么是『可爱』 \95

解析『可爱』 \97

亚洲人显年轻？ \99

男女差异、脸与社会 \102

从进化角度思考魅力 \104

『美丽容颜』有标准吗 \106

健康是美的标志吗 \109

脸与内心的关系 \110

脸在与人交往间形成 \111

后记 \113

参考文献 \116

VII

第 1 章
脸是心灵之窗
你的窗是敞开的吗

阿尔伯特·舍瓦利尔·泰勒《镜子》（1911年）

自分の顔が好きですか

你喜欢自己的脸吗

很少有人从不在意自己的脸。大家是否曾幻想过,如果自身容貌与现在稍异,人生会是另一番完全不同的景象。

哲学家帕斯卡曾说过,被誉为绝世美女的埃及艳后克利奥帕特拉的鼻子如果再矮一点,历史将会重写。在描写19世纪美国四姐妹的小说《小妇人》中,最小的妹妹为了矫正自己的低鼻梁,在睡觉时用夹子夹住鼻子,让人不禁一笑。放在今天,或许就会选择整容手术了。

每当耳闻目睹这样的轶事时,我都会思考,容貌真的如此重要吗?与生俱来的容貌果真能改变一个人的命运,甚至整个世界吗?

大家身边一定也有积极去改变自己容貌的人。虽不至于整容,但贴双眼皮贴,或修剪眉毛的情况总是有的吧。相反,一定也有人崇尚自然,认为容貌受之父母,不应人为改动。

当心灵成长,自我意识萌发后,人会变得在意他人的姿容,也会更加在意自己的姿容。如果换脸能像换衣服般地轻松，那该是多么自由和安逸！

可惜，这是天方夜谭。一方面，脸是自我表现的标志，就好比"我的门牌"一样。如果总是变来变去，别人就认不出"我"来了，人也就失去了个性。

另一方面，容貌会随年龄而变化。在白雪公主的童话中，继母王后每天照镜子，欣赏自己作为"世界上最美丽女人"的容颜，可忽然有一天，这一称号被继女白雪公主取而代之了，悲剧由此而生。美丽的容颜终会褪色，这很残酷，却是事实。接受这一无情的变化并非易事。

白雪公主的继母追求的是自己曾经的美貌。与之相反，现实中的年轻人应该比任何人都先感受到自己成长为大人的变化。正因为每天都在照镜子，所以能感受到变化的征兆。当父母或周围的大人们不把成长了的你当大人看时，你有时也会焦躁吧。其实，不仅是周围的大人，即便在年轻人当中，也有人一直在追求幼时的容颜。

无论衰老还是成长，让心灵适应这样的变化，均非易事。而且年龄越大，越加困难。

一般来讲，人有执着于旧事物的倾向。这被称为"熟悉偏好"，这种偏好表现为喜欢熟悉的旧事物，难以接受新事物。值得一提的是，婴儿与成人正好相反，喜欢新奇事物，具有"新奇偏好"。也就是说，"熟悉偏好"是脱离婴儿期"新奇偏好"而获得成长的一种证明。因此，人越长大，这种偏好可能越强。"熟悉偏好"会形成审美标准，在容貌的魅力、喜好上产生极大影响。这一点我们将在第2章和第6章详细介绍。

除此之外，人们接纳变化的敏感程度，还与识别容貌的其他特性息息相关。实验证明，一直看同一张脸，会导致视觉差异。在实验中，短短几分钟内就能产生这样的差异。即便是凝视镜子中的自己，视觉差异也可能发生。换句话说，每天照镜子的人，会对自己的容貌变得过于敏感，或者也可以说，这样的人无法正确认识自己的容貌。

盼望成长的年轻人，能比别人更为敏感地察觉到自己的成长。而上了年纪的白雪公主的继母，则更有可能一直追逐自己常年看习惯了的那副容颜。虽然这是两个不同的方向，但无论哪个，我认为都和无法正确认识自己的容貌有关。

归根到底，人无法正确去看自己的脸。当注视照片中自己的脸时，大家可曾感到过奇怪？如果你仔细观察，就能体会到映在镜子上的脸与照片中的脸，看起来是不一样的。

对那些总喜欢照镜子并沉醉满足于自己镜中容貌的人来讲，这无疑是一种讽刺。我们最在意自己的脸，却不能用自己的眼睛来正确认识它。

什么样的脸有优势

我们讲述了关于自己的脸所具有的矛盾。自己的脸真的是不可思议——虽然属于自己，但我们无法看到。明明是我们身体的一部分，但要说成是完全属于自己的好像又有些牵强。

那么，脸到底属于谁呢？认真看我们的脸、珍惜我们的脸的反而是别人，不是吗？追星族对偶像的照片倍加爱惜，父母会把孩子的照片作为手机的待机图片，把逝去亲人的照片装在相框里摆在家中……看到这些，不由让人觉得我们的脸是为我们以外的人存在的。说到脸是为别人而存在的话，反而会让我们更加在意自己的脸吧。

另外，在意自己的脸这件事儿，总觉得哪儿有些肤浅。被脸所牵累折腾，真的觉得很无聊。但是，利用脸得到好处的人，不是在哪里都能看到吗？看到那样的状况，多少有点儿会让人心情变得复杂。

在学校，俊男靓女会引人注目。仅靠这些，就会使老师和同学们自愿让步，不得不让人觉得他们会得到很多好处。

但实际上，通过社会心理学的研究得出结论，那些俊男靓女并没有像人们想象中的那样得到很多好处。不管好坏，俊男靓女都会引人注目，"俊男靓女理所当然是好人"这种固有观念已经深深植入人们的大脑。一直被这种固有观念所烦恼、所束缚，可以说也正是那些俊男靓女的命运吧。前提是已被别人评价为好人，所以做得再好也被认为是理所当然；反而稍微做了一点儿不好的事，会带来过分的负面评价。"果不其然，美女的性格不好啊"，最后变成了这样的结果。

大家都是与生俱来的脸，评论哪张脸有好处哪张脸没好处，本来就让人觉得很可笑。关于自己的脸，有的人会这样想："为什么是这样的脸呢？"思索一下的话会发现，这也是个怪异的牢骚。

说到底，我们为什么要比较脸呢？认为自己的脸不够理想的时候，到底是和什么样的脸做比较呢？实际上，我认为这种行为很有可能与我们记忆脸的原理有关系。

实际上，各种各样的脸并没有特别大的差别。比如我们来考虑一下在身边就能见到的猫和狗。虽然通过品种和皮毛花色可以区分不同的狗，但只靠狗的脸来区分的话，恐怕除了狗的主人外，其他人会觉得相当困难吧。

人的脸也是这样，只不过是各种类似的脸的集合而已。另外，在我们的生活中，记住很多人的脸是很自然的事情。在学校外碰巧突然遇到了亲密的朋友或者班主任，假装没看到而径直走过的话，之后想起来会非常难为情吧。但是想要在这种状况下很自然地向对方问好，首先需要牢牢记住对方的脸。

记不住别人的脸，在这个社会中是会吃很多苦头的。但事实上，有2%的人是无法区分各种面孔的。这样的人会遭遇各种各样的困难。在公司，记不住上司的脸很够受吧。接到了找部长的电话，部长正在和旁边的职员站着说话，如果回答"部长现在不在座位上"会怎样？不认识别人脸的员工只能通过部长是否在自己的座位上来判断部长在不在。

我们看起来都差不多的脸是可以细分出区别来的。这是非常不可思议的事情，就像是用放大镜来放大比较着看似的。着重找出各种各样的脸的不同特征，用尽全力把它们都记住。

能如此细化区分人的脸，是一种通过比较来进行学习的技巧。我们为了在社会中不断适应需要而记住人们的脸，因此在不知不觉中对脸进行了比较。

总而言之，看到脸就会去比较。这样不管是别人的脸还是自己的脸，只要是人的脸都会自觉去比较，渐渐就转变为评价别人的脸的行为。

回到俊男靓女的问题上来。虽然他们在班上很引人注目，但很多时候，班上最有人气的反而不是他们，而是其他人。例如，擅长活跃气氛的人，或是性格温和、散发着治愈系气息的人。还有些人容貌虽然不是很引人注目，但人们可以与之轻松地交谈，随着时间推移，慢慢获得人气的类型也是有的。

那么，到底是什么因素在起决定作用呢？

其实，"表情"这一魔法在此处起着重要作用。也就是说，我们的脸是由长相和以长相为基础而展现出的表情变化构成的。

平常看起来很光鲜的女性，偶尔在无表情的状态下，突然会让人有一种无骨的感觉，完全是一种不同的印象，你有过这种感觉吗？或者看到照片中的自己，有的时候很满意，有的时候不满意，这究竟是为什么呢？由于紧张或者粗心，照片中的脸照得很怪也是有的。表情不太像自己也是有的。

这种情况下，专业的摄影师会让模特先放松，会花长时间来引导出"那个真实的自己"。真实的自己是指伴随着那个人独有表情的脸。表情非常重要，可以说只有能够完美表现自己表情的人，才能呈现出让别人喜爱的脸。

通过镜子无法正确认识自己的脸

我想你已经知道表情的重要性了，但是怎样才能展示出我们最好的脸呢？要出门前和镜子进行斗争，用尽全力把自己的脸弄得好看的人是肯定有的。但是就像之前说的一样，通过镜子看到的脸，是要小心的。

我们来做一个简单的实验吧。这是英国的脸研究者佩雷特教授做的一个研究。我们来比较一下图1-1中的两张脸，哪一张脸看起来更像女性呢？对于两张脸印象的不同之处，我觉得很明显能看出来。

图1-1　哪边的脸看起来更像女性呢

这组照片是把女性和男性的脸各半从正中间对接在一起，左右分别呈相反的状态。虽然两边都是来自同一个人的脸，但左半边的脸是女性的话，看起来更像女性。在文章中会有问题的解答。■

看起来完全印象不同的两张脸，实际上只是同一张照片左右反转了而已。怎么样？左右反转一下而已，就产生了如此印象不同的脸，这难道不让人惊奇吗？左右反转的效果是如此之大，所以可以说明在镜中映出的脸和我们看到的脸是不同的。

在这些脸当中，还有一个隐藏的秘密。实际上，这张脸是从正中央由两张不同的脸对接而成的。一边是偏女性的脸，另一边是偏男性的脸。左边照片中左半边是偏男性的脸，右半边是偏女性的脸；相反，右边照片中左半边是偏女性的脸，右半边是偏男性的脸。

因为左右照片中的脸均由偏男性的脸和偏女性的脸组合而成，所以答案应该是一半像男性，一半像女性。严格来讲，并不存在"哪张脸看起来像女性"这一问题的正确答案。但结果是，大多数人都认为右边的脸看起来更像女性。就是说，在相对而视的情况下，我们可以明白左边的脸决定整个人的印象。

戏剧性地改变对脸的看法，关键是看脸时脑的作用。看脸时大脑的右侧是很活跃的。稍微有些复杂的是，在左右脑中映射的图像和眼前所看的相反。也就是说，在看脸时很活跃的右脑负责看的是视野中脸的左侧。左侧脸对承担着认脸功能的右脑产生影响，给右脑留下了更为强烈的印象。

实验中的研究者使用易于理解的照片让我们认识到了这一现象，实际上，在我们的平常生活中常发生同样的事情。平常生活中脸的右侧，在镜子中会变成左侧。因为镜子会让事物左右反转映射出来，印象强烈的脸就会左右反转。因此自己在镜中看到的脸会和别人看到的印象不同。

在镜中看到的自己的脸，和被别人看到的脸可以说是不同的。就像之前说过的一样，我们是不能直接看到自己的脸的。而且实际的脸始终都在动，人们看到的是在各种各样表情中变化的脸。仅凭这一点就可以说明，站在镜子前摆个姿势所映出的脸和实际的脸给人的印象是完全不同的。

今天自己的脸好不好，没有判断的方法吗？这需要逆向思考。"脸存在于社会之中"就是一个提示。

所以答案就是：不必观察自己的脸，观察一下周边的脸就可以了。人们通过各自的脸联系在一起，我们展示出好的脸，对方也会展示出好的脸。同理，如果我们给别人一张让人不快的脸，那么从对方的脸上也应该能明白……周边的人展示出什么样的脸，是否是让人愉快的脸，也许时不时观察一下是必要的。

怎样和"看着不顺眼的脸"相处

通过以上内容，相信大家已逐渐理解了脸的本质。

通过脸，我们可以了解人的性别和年龄，可以知道那个人是谁，可以用表情向对方传达自己的状态。而且不仅仅是这些，我们更是通过脸联系在了一起。通过确认对方的情况，传达自己的状况，构成了整个社会，相互间试探能否作为朋友和睦相处，这也成为一种线索。

我希望大家能了解脸，更好地使用自己的脸。这才是本书的目的。在这一章中，我们展示了本书的目标。最后，让我们围绕这一目标来逆向思考一下吧。

在社会上凡事顺利，是非常难的一件事。就拿身边的人来说，和班上的朋友一直友好往来这件事也是很难的。就因为一点点小事，也会相互错过。你是否过分在意别人？看着对方的眼睛能自然交谈吗？脸也是自身表现的一种。很棒的脸是指能恰当地表现出自己状况的脸。因此，喜欢自己的脸也许是必要的。

接下来，环视一下我们的周边。是不是有从班级小团体中渐渐脱离的人？为什么会变得孤立呢？到底是什么地方产生了问题呢？无法读取对方的意图，不能和其他人建立顺畅的联系，这样的人是存在的。像之前说过的一样，识别脸和表情的能力可能是很关键的问题。

通过最近的研究得知，观察脸的能力是有差别的，人们想当然地认为谁都有这种能力，但有的人天生就没有这种能力。这样的人有的不能记住同学的脸，有的不能读懂别人的表情。在学校及类似团体生活当中，这成了问题的源头。即使努力也很难读懂别人表情的人，他们绝不是有任何恶意去那样做的。

动物当中也有孤立的个体存在。我们观察到野生动物会排斥变异或衰弱的个体。这种排斥异己的行为也是为了保持遗传因子的一致性。

但是不能因为这点就把人类和其他生物混为一谈。动物通过本能，为了食物和领地而不断地进行争夺；人类利用智慧建立了社会和文化，从而可以摆脱这样的纷争。

即使这样，我们还是保留了生物本能。作为一种本能，不知不觉中就想拒绝谁的心情会涌上心头，但屈服于本能是非常危险的事情。

为什么？因为构筑了社会和文化的人类，拥有更加纤细和敏感的读取对方不同的能力。对方的表情、反应的方式中可能会有一点点不协调感，而人类比动物对这种不协调感更敏感。这样一来，与动物相比，人类会更容易产生轻微的拒绝感。如果很轻易地服从于这种过度反应，会让很多人不得不进行无意义的拒绝和伤害。

但是，即使排斥某些个体是天生的本能，人类也有改变本能的能力。不被自己的感觉所左右，利用知识和头脑来冷静地思考事态，或许是一种不错的方法。这样一来，大家都能有一张很棒的脸。

第 **2** 章

脸是交流神器
什么是脸的社会性

苏菲·安德森《挠痒痒游戏》(1857 年)

自分の顔が好きですか

第一印象的魔法

和朋友面对面交流时，很少有人会毫不在意对方的反应，我行我素地说个不停。但如果是演讲会那种在众人面前讲话的场景，却需要有这样的态度。

无论是谁，当必须在众人面前讲话时，多少都会紧张。即使勉强沉着地站到了讲台上，当看到眼前成排就座的听众的脸时，也会变得忐忑不安。神奇的是，如果这时在心里默念"眼前的不是人，是蔬菜"，竟然能平静下来，挥洒自如地侃侃而谈。

说起来，如果只是讲话，听众的多寡应毫无关系。但我们总习惯看着听众的脸来讲话，通过听众的表情来观察其反应。人类在进化过程中获得了语言，通过使用语言，实现了相互沟通与理解。但语言并不是人与人之间唯一的沟通纽带。

我们在意眼前听众的反应，可如果在意的人数太多，就会招架不住。即便如此，在人群中发现一张熟识的脸时，我们还是会不由自主地松一口气。如果眼前全是严厉的面孔，我们会变得紧张；相反，如果看到对自己的讲话报以笑容的脸，我们则会自然而然地感到放心。

如此看来，我们真正所在意的，其实是脸。

这就好比在熙熙攘攘的入学典礼上，有众多素不相识的同学在场，当我们犹豫该和谁打招呼时，起决定作用的难道不是容姿和长相吗？面容温和的人会让我们觉得更容易搭话，面容严峻的人多少让我们有些难以开口。

再比如，当被告知新学期会换一位新班主任时，我们会既不安又满怀期待。无比在意这将是一位怎样的老师。是男是女？多大年纪？是严厉还是温和……这诸多信息，我们难道不会试图从新老师的脸上读取吗？

曾经有过这样一个极具冲击性的实验。美国普林斯顿大学的亚历山大·托多洛夫教授以大学生为实验参与者，仅凭候选人的面容和风貌，就预测出了竞选结果。

实验策划于美国参议院和州长竞选之前。托多洛夫教授从各地区候选人中分别选出两名被预测为一定会当选的候选人，将他们的脸部照片两人一组排列开来，让大学生在短时间内判断"谁更具有胜任力"。实验实施于选举之前，所选出的均是大学生所不知道地区的候选人。也就是说，大学生在做判断时，除了脸之外没有关于候选人的其他任何信息。几周后，竞选结果出炉。经比照得知，实验参与者对竞选结果的预测准确率竟高达70%。

该实验还顺便调查了一下能否预测邻国墨西哥的竞选结果。也就是让美国大学生来判断墨西哥人的候选人。这里不得不提的是，在墨西哥人眼中，有才干的人的相貌特征是体格魁梧、蓄着胡子。而对美国人来讲，有才干的人的相貌特征则是像好莱坞电影中的律师、商人那样，更具现代感和修长感。因为两种长相完全不同，所以起初大家认为很难预测准确，但意外的是，美国大学生最终成功了。

简直不可思议！在这样的判断中，第一印象或者说一瞬间的判断十分重要。一旦浏览照片进行判断的时间变长，预测的准确率便会降低。由此可见，脸给人的第一印象出乎意料的重要。接下来，我们来探讨一下"认脸"能力。

"无法认脸"的人们

"认脸"这一重要功能是以大脑活动作支撑的，这一点在大脑受损时表现得尤为明显。

生活中，因脑中风、脑血栓等脑血管疾病而引发语言障碍的情况较为常见。头脑清醒却无法用语言交流是一种莫大的痛苦。恢复语言能力，需要经历辛苦的康复训练。实际上，与语言能力相关的大脑区域还细分为掌管理解他人语言能力的部分和掌管说话能力的部分。现今甚至还存在专攻语言康复的"语言治疗师"这一职业。

掌管语言能力的是左脑，掌管认脸能力的是右脑。二者位置相反，因此语言能力与认脸能力可以说是两种相对照的能力。

与语言障碍相比，因大脑损伤而导致认脸能力受损的情况相对较少，但的确存在。语言障碍的表现之一是不能说话，这种症状一目了然。与之相比，认脸能力的缺损，使得有时候连当事人自己都意识不到问题出在哪里。

据说，曾有一位病人跑去求助神经内科，说自己"不会看面相了"。这话让医生和心理治疗师极为困惑："面相是什么？这位病人难道是占卜师吗？"就诊时，心理治疗师会站在医生与患者之间，检查患者的心理情况，向患者提问。通过心理治疗师抽丝剥茧的问话才知道，这位患者是苦于无法分辨出自己妻子、儿子等人的表情和脸。患者自己应该从未意识到，认脸还需要特定的能力。后来，经过心理治疗师测试，最终确诊该患者的认脸能力出现了问题。

还有的患者，在看关系亲密的人的脸时，会觉得就像是相同的气球排列在一起，完全分辨不出谁是谁。这些患者害怕与家人在拥挤的人群中碰头。因为他们无法从人群中辨别出妻子或孩子的脸，会让家人失望。所以在出门前，他们有时会拼命记住家人所穿衣服的颜色、款式等，通过衣服来找到家人。像这样无法认脸的症状，叫面孔失认症，俗称脸盲症。

曾经有一部美国悬疑电影，描写了一位被杀人狂袭击而患上脸盲症的主人公。电影中让人尤为印象深刻的情节是，主人公每次照镜子，都觉得自己的脸看起来像别人，并为此感到深深的恐惧。为了不让家人知道自己患上了脸盲症，她会通过领带的花纹来识别丈夫。但杀人狂恰恰利用了这一点，将她引诱出来。杀人狂特意戴上与她丈夫相同花纹的领带，在宴会场上伺机而动。当看到主人公将意图杀害自己的犯人错当成丈夫而亲密交谈时，简直让人感到恐怖至极。

但是，这一情节让我觉得"这部电影有些不对劲"。

患上脸盲症的人仅仅不能认脸，只要一听声音，就可以知道对方是谁。所以，主人公应该立刻就能察觉到偷换领带的犯人并不是自己的丈夫。

"认脸"关乎大脑

可以说，脸盲症是普通失认症的症状特化在了脸上。普通失认症指"物体失认"，眼睛、视力正常，能识别线条的倾斜度、方向，却认不出眼前的物体究竟是什么。

眼睛看得见，却无法识别当前物体。这一点与脸盲症相似。但不可思议的是，有的物体失认症患者能认脸，而有的脸盲症患者能识别物体。例如，将扑克牌给物体失认症患者看时，他们认不出这是扑克牌，但能认出牌中"小丑""皇后"等的脸。脸盲症患者无法识别的也仅仅是脸，就像前面提到的那样，除脸之外的服装、领带上的颜色、花纹均能识别。

让我们看图（图 2-1）来确认一下掌管认脸的大脑区域。我们眼睛看到的图像将被传送至大脑最靠后的区域。线条倾斜度、方向等简单信息将在这里得到整合，并进一步传送到大脑侧面（颞叶）。

大脑侧面（颞叶）是掌管物体识别的区域。而掌管认脸的区域，位于颞叶中的特殊位置，且细分为数个部位。认脸不仅是物体识别的一部分，而且是特化了的一部分。

这是因为，认脸时需要读取众多信息。脸以外的物体，例如扑克，只要认出这是扑克即可；再例如橘子，只要认出这是橘子即可。但认脸时，还需要认出这是谁的脸、脸的主人是怎样的人、曾做出过什么样的表情……等诸多信息。并且，脸还与情感紧密相连。好友的笑脸会让我们感到开心，而曾经背叛过我们的熟人的脸，会让我们心生厌烦。这种现象是脸之外的物体无法产生的。认脸时，大脑的各个部位都在运作。

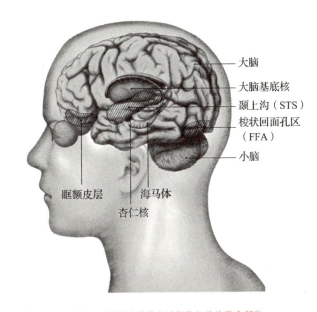

图 2-1 掌管认脸的大脑部位细分为数个部位
梭状回面孔区（FFA）负责通过脸识别对方身份，颞上沟（STS）负责识别表情、视线，杏仁核负责对恐惧的表情做出反应。此外，眶额皮层负责对笑脸、具有魅力的脸做出反应。海马体则负责记脸。请同时参考图 2-5。（插图制作：株式会社レンリ）■

当我们通过脸来判断一个人时，起作用的是梭状回面孔区（Fusiform Face Area，FFA）；当我们观察一个人的表情或视线时，起作用的是颞上沟（Superior Temporal Sulcus，STS）；而让我们对扰乱情绪的恐怖表情做出反应的，则是杏仁核。其中，认脸时最为重要的是颞上沟，它正好位于耳朵深处。并且正如我们前面谈到的那样，右侧颞上沟的活动最强，如果这里受损，就会患上脸盲症。

大脑如何认脸

关于"脸的特殊待遇"的由来，有两种学说。一种认为认脸是人与生俱来的能力，而另一种认为，认脸能力源于大量认脸的经验。

在我看来，人确实天生就拥有认脸能力。我的研究室正在调查婴儿的认脸能力。与我一起做研究的，还有意大利的一所大学。这所大学有一个持续对新生儿做实验的独特研究室，在妇产科医院设有实验室，只要能获得完成分娩的妈妈们的许可，随时可以进行实验，可以说有着意大利独特的随和氛围。

20世纪70年代的研究就已发现，即使是刚刚出生、几乎没怎么见过人脸的婴儿，如果给他们看人的脸，他们也会很乐意去看。因为新生儿视力尚弱（只有0.02左右），实验中采用了由明显线条来描画的脸的简单图片。得出的结论是，婴儿喜欢看脸的简图（见图2-2a），但对将眼鼻口拆散排列的图片（见图2-2b）并不感兴趣。这可以解释为，婴儿喜欢看的是脸本身。

意大利的研究小组还发现，眼鼻口的排列位置十分重要，只要位置正确，无论图形的形状如何，婴儿都会感兴趣。例如图2-2c，图形轮廓是方是圆并不重要，重要的是采用与脸相似的上方两个图形下方一个图形的位置排列。只要是这种排列，都会被婴儿视作脸，眼鼻口的形状无关紧要，不得不说是一项令人惊讶的发现。

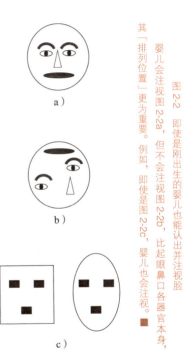

图2-2 即使是刚出生的婴儿也能认出并注视脸

婴儿会注视图2-2a，但不会注视图2-2b，比起眼鼻口各器官本身，其「排列位置」更为重要。例如，即使是图2-2c，婴儿也会注视。

同时，这项发现也十分有趣，因为成人身上也存在这样的现象。大约20年前，一种模样与人脸相似的鲤鱼被人们发现，被称作"人面鱼"，成为街头巷尾的热点话题。这其实也是人们关注脸的一种表现。

人们喜欢在家中、花中以及各种各样的地方寻找出与人脸相似的形状，并以此为乐。在并非人脸的地方找出人脸，这叫"幻想性视错觉"或者"拟像"（见图2-3）。世间既有聚集了世界各地人们来欣赏这类画像的网站，也有相关书籍的出版，可谓人气旺盛。幻想性视错觉的关键在于眼鼻口三者的排列。即使不是眼、鼻、口这三者本身的图像，只要排列位置相同，也会被视作人脸。人们之所以会在树洞或墙壁的污渍中看出人脸，觉得里面有人，也被认为是这一原理造成的。

以眼鼻口的排列位置为标准来认脸，这是人类与生俱来的特质。我们会以这一标准为基础，在周围寻找出脸，通过大量的认脸实践来对脸进行广泛学习。

据说，婴儿在出生后 2 天左右就会喜欢上妈妈的脸。但这一时期的认脸能力还不充分，如果妈妈用丝巾将发型藏起来，婴儿就会认不出妈妈。如果长大后的认脸能力也是如此，问题可就大了。即使你告诉朋友，因为他戴了帽子、换了发型，所以你无法认出他的脸来，估计朋友也不会相信，甚至可能为此闹得不愉快。

出生 8 个月以后，婴儿的认脸能力将与成人基本相同。在我的研究室中也发现，这一时期的婴儿在认脸时，右侧大脑已开始活动。婴儿开始说话要等到大约 2 岁，相比之下便可知道认脸能力的发育相当早。

人们对脸的学习是由找出并观察大量的脸的排列位置来实现的。有的研究小组主张，其对象并非必须是脸。例如他们认为，狗、牛的饲养员或汽车销售人员等能记住大量同种类的狗、牛或汽车，与对脸的学习是相同的原理。在他们看来，大脑中掌管认脸的特殊区域并不仅仅针对脸，在记忆类似对象时也会用到。

a）16 世纪意大利画家朱塞佩·阿尔钦博托的作品

b）日本浮世绘画家歌川国芳的作品

c）核桃树的冬芽

图 2-3 幻想性视错觉的例子

在各种事物中找出脸的关键是眼鼻口的位置排列。只要掌握这一关键，便可享受到在身边许多事物里找出脸的乐趣。

在他们的实验中，鸟类观察家在观察各种各样的鸟时，其大脑会做出与观察脸时相同的反应。另外，据称还出现过人患上脸盲症时，不仅认脸能力，就连区分鸟类的能力也丧失了的病例。

三十而立的认脸能力

由此可见，认脸时，学习也很重要。

人脑对脸的学习会一直持续到30岁。是一种相当长时间的学习。但这一学习过程并非波澜不惊地持续，而是会有几个重要转折点。分别是出生后8个月、学龄期、青春期，以及30岁。

每个时期发生变化的究竟是什么呢？答案是：对一个人来讲十分重要的对象和必须记忆的对象。婴儿期时是妈妈和家人的脸；上小学后变为同班同学和朋友的脸；青春期时变为异性伴侣的脸；成家后变为家人的脸。重要对象和重要状况在不同的人生阶段有着不同的变化。我们将遇到各种各样的脸，这种状况的变化或者可以说是成长的关键。

对我们来讲，与这些重要对象建立起紧密的情感联系至关重要。这是由刚才所介绍的大脑中杏仁核的功能决定的。杏仁核会对恐惧做出反应，而被重要对象背叛或伤害正是一种巨大的恐惧。

感觉敏锐的读者或许早已意识到，幼时被家庭、长大后被朋友、成年后被伴侣背叛或伤害是种极大的恐惧。这绝非一件小事，而是会对大脑造成深度伤害。

大脑中的杏仁核会对在报纸、电视上成为热点话题的虐待、欺凌、信赖的伴侣所施之暴力等产生强烈反应。或许大家听闻过PTSD（创伤后应激障碍）一词，这是因受到强烈精神冲击而产生的应激障碍。虐童、欺凌、刀难（骚扰）等也会成为激发因素。

哈佛大学医学院及日本东北大学医学院的研究表明，这类心理反应与大脑的过度反应及受伤有关。哈佛大学的研究对大量志愿者的脑部活动进行了测量，通过调查其过去的经历查明，志愿者在各时期的各种精神性应激，使大脑特定部位的容量和神经细胞的结合发生了问题。

一直身处不堪忍受的状况，不仅会对杏仁核及其周围的大脑造成损伤，还有可能使杏仁核持续过度反应，或使杏仁核变小。

需要注意的是，这些影响会随着人们的成长而变化。研究表明，杏仁核会持续发育，直至青春期。在杏仁核尚未发育成熟的青春期，人们似乎难以感到恐惧。青春期少年一旦恐惧感淡薄，很可能做出成人意想不到的行为——比如危及自己生命之事，或是将发生争执的对方殴打致死等。希望正处青春期的读者们能牢记，这一时期的大脑发育尚未完全，相互间的伤害也许会留下无法弥补的悔恨和遗憾。

那么成年以前，我们到底会遇到多少张脸并铭记在心呢？对于每年新遇见的同班同学，我们会将脸和名字对号入座记忆起来，其人数每年大约有50人吧。除本班同学外，还会有些无意中记忆在大脑某个角落的同一学校的人的脸。遇见时能凭直觉得出"这张脸我知道"的既知感，这种感觉在记脸中起着重要作用。

即使记不住名字，但能与这种感觉挂钩的脸的数量应十分庞大。或许有数千张，但具体数量的多寡可能取决于每个人的相遇方式。研究人员也尚未弄清一个人究竟可以记住多少张脸。

不论怎样，见到大量的脸，让情感受到种种触动，是非常重要的。

观察脸时的奇异现象

假设长大后与几十年未见的老同学重逢，我们还能回想起他的脸和名字吗？与老友重逢，即使无法准确记起名字，心中总会涌起诸如怀念之类的特殊情感。这既是认脸的一大重要因素，也是其另一侧面。

实际上，实验证明，即使是之前所谈到的脸盲症患者，也依然保有这一能力。尽管患者认为自己"无法认出这是谁"，但对其实施测谎中普遍运用的皮电反应测试时，发现患者能对熟人的脸做出反应。皮电反应能捕捉到人撒谎时会出汗这种潜在的反应。当然，不仅是撒谎，对于怀念等的情感，它也可敏感地做出反应。

也就是说，很可能即使患者在意识上无法判断出"妻子的脸""孩子的脸"，但当他们看到亲近之人的脸时，身体会发生反应，然后将这些脸作为一种潜在意识来感觉。

那么，如果单单失去了这种认脸的潜在能力，又会怎样呢？与脸盲症相反的卡普格拉综合征患者或许可以给我们一些提示。迄今为止，卡普格拉综合征患者被认为具有强烈的妄想。患者认为自己亲近的家人、友人被长得一模一样的替身取代了。

研究者在调查患者的皮电反应时发现，他们的认脸能力毫无问题。实验中给卡普格拉综合征患者看亲友的照片时，他们能正确回答出照片中的人是谁，但通常应该产生的皮电反应并未出现。

这种状态与相貌失认症完全相反。意识上能认出人的脸，却并不伴有对这张脸的潜在感觉，所以他们才会产生不协调感、抗拒感等。看着自己珍爱之人的脸，却无法涌出怀念之情，这该是多么的痛苦啊。或许就如同失去了自己珍爱之人一样。有时，正是为了隐藏这种痛苦的内心状态，他们会换种方式进行理解，想出自己珍爱之人"被外星人取代了"这种普通人难以理解的状况。

哪里都能看见脸！

认知症患者中，有些是认脸能力出现异常的人。随年龄增长而患上的认知症，除我们经常听到的阿尔茨海默型以外，还有其他数种类型。其中，1976年在日本发现的路易体痴呆极具特色。其特征是患者会出现诸如床上有孩子、口袋中有小矮人等幻视、幻想。

研究人员对这些患者进行了认脸实验，调查了他们在并非脸的地方发现脸的能力，这一能力在前面的幻想性视错觉（参照图2-3）中也有谈及。研究人员分别向患者展示了两类图片，一类是无论谁都能在其中看出脸的幻想性视错觉图，另一类是无论谁都无法在其中看出脸的图。

结果发现，患者在幻想性视错觉图中发现脸的能力与常人无异，但能在无法看出脸的图中不断地找出脸，并且还能聊起这是什么样的脸，例如孩子的脸、男人的脸、女人的脸、动物的脸、狗的脸等。一般来讲，即使正常人能看出脸，也无法对脸有如此丰富的认识。

实验结果显示，路易体痴呆患者有看到过多的脸且想象力丰富，能识别出脸的具体形象的倾向。这类患者产生幻想的原因就在于看到了过多的脸，换句话说，即他们的认脸装置在各处产生了错误反应。

脸原本就拥有易于引起关注的性质（参照图2-4）。即使是健康的正常人，有时也会发生类似情况。玩试胆游戏，或是进入著名的灵异场所、鬼屋等时，众人之中有惊呼见到了鬼的人吗？如果有，应该是胆小的人吧。

这种现象与掌管恐惧情绪的杏仁核有关。很可能是掌管恐惧心理的杏仁核产生了过敏反应，进而导致脑内的认脸装置发生了错误反应。因此才会在本身没有脸的地方看见脸，并将其认成是鬼。

你擅长记脸吗

让我们换个话题。你擅长记脸吗？

例如，在人山人海中与各种各样的人擦肩而过时，你能认出以前的同学吗？我有一位朋友，能在新宿车站检票口的拥挤人群中认出近20年前的老同学，其中有的同学仅同班过一年。据说这位朋友还亲自和对方打招呼，确认是本人无疑。

其记脸能力可谓出类拔萃。但据朋友本人讲，他一直认为能做到这一程度是理所当然的。他未受过特别训练，未从事过任何特殊工作，也从未将这种超级记脸术发挥在工作中，比如做个干练的销售员。

看起来这种超能力似乎有时派不上用场，但有的职业需要有牢记脸的能力。例如，对于在服务行业或销售岗位上工作的人来讲，记住客人及交易客户的脸和名字

图2-4　鲁宾杯

注视正中时看见的是杯子，注视两旁时看见的是两张脸。这是可引发"图-底反转"的"两可图形"。由于普通人大多注视图形正中，所以容易看到"杯子"。脸虽然位于两侧，但也能吸引人们的注意力，让人像看到杯子一样看出其形状。

是一项十分重要的工作。有些优秀的酒店工作人员，能记住仅见过一次的客人的脸和名字。那么，到底怎样才能磨炼出如此优秀的记脸术呢？

追溯各项研究可以发现，记忆各种各样人的脸并非易事。学生时代我们仅需记住同学的脸，步入社会后却会遇见各年龄段的形形色色的脸，并需一一将其记住。不得不说难度极高。

认脸能力会特化在我们经常见到的脸上。这一点我们在区分外国人的脸时可能会有所体会。看外国电影时，我们能立刻认出著名的好莱坞明星，却难以区分无名配角的脸。当场景切换，配角演员换套服装登场时，我们就认不出是谁了。

这种现象被称为"面孔识别异族效应"，与我们迄今为止学习过的脸的种类相关。例如，如果一个人生长在日本，那么他很大可能是看着日本人的脸长大的。认脸能力会随着经常看到的脸而调整。这一现象与第1章介绍的熟悉偏好也有所关联，也就是更容易区分周围常见的脸，相应地，难以区分不常遇见的脸、外国人的脸。

相反，如果一个人喜欢好莱坞明星，那么他或许格外能记住外国人的脸。此时，与其说是因为喜欢而记住，不如说是见过许多外国人的经验在帮助他记忆。

这一现象在对不同年龄段的脸的记忆中同样可见。年龄段不同，相貌也各异。人们在每个年龄段所经常接触的脸，其年龄段也是特定的。尤其是在学校生活的中学生、大学生，与同龄人交往的比重极高。因此，对于同龄人，即使是初次相遇，也能记住对方的脸；但对于妈妈、奶奶那个年龄段的脸，他们却很难记住。

这也已得到实验证实。常与婴儿接触的大人，能识别出婴儿的脸的差异；相反，毫无机会与婴儿接触的大人则很难做到。出生10个月左右的婴儿，虽无法辨别其他婴儿的脸，但可以辨别大人的脸。这与人类记脸能力的发育相关。

刚出生的婴儿拥有识别所有脸的能力。其范围无比广阔，甚至并不局限于人脸。

例如，你去动物园时，能通过脸来辨别出每一只日本猕猴吗？如果是婴儿，便能做到。实验显示，6个月大的婴儿，既能识别人脸，也能识别猴脸。婴儿长到9个月大后，便会和大人一样，失去识别猴脸的能力。

不可思议的是，外语听力能力上也会出现同样的现象。7个月大的婴儿能分辨出所有语言声母、韵母的发音区别。即使是让日本人感到头疼的英语听力中R和L的区别，7个月大的婴儿也能分辨出。只是这一能力在10个月大之后，便会逐渐消失。

对大人来讲，如果能分辨出所有国家的语言和所有的脸，将十分便利。但很讽刺的是，舍弃原本拥有的全能之力，失去识别他国人的脸和语言的能力，正是人类成长、发育的一种表现。

将能力限定、特化为一种，才能更为细致地区分脸，练就更为准确的听力。例如，4个月大的婴儿记妈妈的脸时，利用的是浅显易辨的特征，所以妈妈即使只是换了发型，婴儿也会辨认不出来。为了获得更加稳定、准确的识别能力，我们的认脸能力会特化到常见的脸上。

利用情绪来记脸

记脸时，将某张脸与自身的情绪（心中涌起的瞬间感情）、感情关联起来也很重要。曾经有过这样的轶事。

有段时期，在各大公司前台谎称自己是该公司董事,以未随身携带现金为由而借钱打车的小额借款诈骗横行。尤其是大企业,董事人数众多,前台人员无法记住所有董事的脸。如果感到蹊跷,去核对资料、照片,一旦对方真是董事,那就太过失礼了。

其中有这样一个案例。诈骗犯服饰讲究、神气十足,举手投足完全是董事的气派。据说借钱时还指名道:"你是小X吧,不好意思,能借我一下打车费吗?"诈骗犯一定是扫视员工胸牌,得知的前台员工姓名。对这位前台员工来讲,被董事叫到名字,是件高兴之事,于是便将自己手中的现金借给对方。事后一查,发现董事中并无其人,才意识到这是诈骗。

由于双方仅聊了几分钟,按常理讲,受害者很难记住诈骗犯的脸。但这一案例的受害者却从警察出示的照片中,准确地指认出了嫌犯,并最终抓到了犯人。

这位受害者的记脸能力可谓相当高。能如此清晰地记住仅见过一次的陌生人的脸,本来十分困难。那她究竟是怎样做到的呢?

受害者的记脸能力高是原因之一,另一个关键原因则是情绪反应。研究结果表明,没有信任感的脸更容易留存在记忆中,因为会怀着"不可信赖"的负面情绪来进行记忆,与这一情绪相关联的大脑部位将活动起来。小额借款诈骗案例中的受害者,内心可能也会感到蹊跷。

通过对大脑活动的调查发现,对不可信赖之人的脸的记忆,与岛叶皮质和海马体的相互作用有关。其中,岛叶皮质参与处理脸及人物等的负面信息、社会性和精神性情感伤害以及惩罚;海马体则与记忆相关(见图2-5、图2-1)。印象不佳的脸与不具备这一特征的脸相比,更容易被记住。或许是面对借钱不还的朋友、行为可疑之人、需提高警惕之人,为了不让自己遭受损失,有必要把他们的脸好好记在脑子里吧。

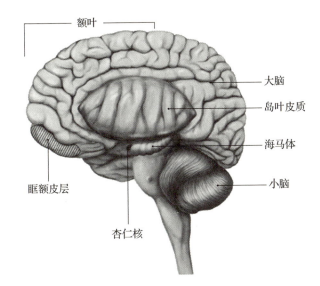

图 2-5 与记忆印象坏的脸和印象好的脸相关的大脑部位
眶额皮层会在获得报酬时活动,记忆笑脸的人名时,还会与主管记忆的海马体一起活动。岛叶皮质参与负面信息的处理,在记忆不可信赖之人的脸和名字时,会与海马体一起活动。■

同样,与喜悦、惬意等愉快情绪的关联,也能使脸更容易留存在记忆中。如果想让初次见面的人记住自己,最快的捷径便是微笑。笑容绽放的脸容易被发现,笑脸、有魅力的脸容易被记住。此时,大脑中起作用的是与报酬相关的部位。位于额叶中的眶额皮层在获取金钱报酬时变得活跃,它将与掌管记忆的海马体一并起作用。

这就好比现实生活中,有人会因在电视上看到自己喜欢的偶像而感到兴奋,也有人以追星为乐。大家或许多少都能理解:欣赏喜欢的脸是对自己的一种褒奖。有趣的是,这种褒奖在大脑中是作为"报酬"实际存在的。

顺便说一下,如果是男性作为欣赏的主体,那么有魅力的脸基本局限于女性;但当女性作为欣赏主体时,男性、女性均被包含在魅力对象的范围内。其佐证之一便是,男性杂志的封面几乎是清一色的女性,而女性杂志的封面上能看到许多的女性模特。对女性来讲,同性的美女也能成为一种"报酬"。关于这一点，我们将在第6章详细讨论，什么样的脸才有魅力。

记脸的诀窍

让我们来复习一下记脸的要点。

在学校，老师会努力记住学生的脸，即使是与学生相处时间有限的教育实习生，也会干劲十足地记住全班学生的脸和名字。想要记住几十张同样年龄人的脸，是件很困难的事情。

曾有这样一件轶事。讲的是一个美国人学生时代作为志愿者前往非洲的中学任教。一到学校，呈现在眼前的是年龄相仿、发型相似的黑人的脸。刚开始时，志愿者完全分不清谁是谁，但过了10天，便能识别并记住每个人的脸了。

如何才能记住脸呢？

通过电视节目的采访协作，我获得了一些发现。该节目采访了一位拥有特殊能力的饲养员。这位饲养员能完全掌握所饲养的近100只袋鼠的名字和亲属关系。当然，能做到如此的，仅此饲养员一人。

电视屏幕上，每只袋鼠的脸都长得差不多。而这名饲养员却能连续准确叫出每只被指到的袋鼠的名字。不仅如此，还能找出钻进别的袋鼠妈妈育儿袋的小袋鼠，并找到被赶走的真正的袋鼠宝宝，将其放回妈妈的育儿袋中。其动作身姿宛如"袋鼠保姆"一般。据称，这名饲养员还掌握了每只袋鼠的性格、社会关系、亲子关系。

而另一方面，其他饲养员或是用谐音的方式，或是将袋鼠比作艺人，来努力记住其名字，但都无法与这名饲养员相媲美。这名饲养员胜出的原因就在于，融入了袋鼠的社会，把自己完全当成一名"袋鼠保姆"。

在构筑人际关系时，记住对方的脸和姓名是极为重要的一步。记脸的诀窍似乎就在于社会关系。从这一点出发，便可找出什么是错误的记忆方法。例如，利用谐音来记忆、比作艺人来记忆，这些方法仅触及了眼前袋鼠的表面，并未深入掌握袋鼠的性格与社会关系。对袋鼠来讲，难道不是一种失礼吗？

正如我们介绍的那样，记脸时，大脑诸多部位均在活动。当我们看到某张脸时，或许会心生赞佩，或许会感到不快，这种情感性的大脑活动在记脸时不可或缺。

只有与情感相关联时，脸才会被记住。这与单词、化学符号等的记忆完全不同。单词、化学符号总有些让人难以捉摸之处，所以我们才会采用谐音等方式来枯燥无味地记忆。但这种方式在脸的记忆中，或许可以说是无谓的努力。

下面我们也会谈到，利用情感来激活大脑，是记脸的最大诀窍。

青春期的伙伴关系

处于青春期的人，一方面，有人可能有避免与人保持亲近人际关系的倾向，害怕惹上什么风波；另一方面，有人却一个劲儿地制造风波。与成人社会相比，这就像两个极端，难以让成人理解。

青春期处于儿童和成人的中间阶段，容易受伤，具有冲动性。这些特征历来都是文学、电影、电视、漫画的绝佳题材。每一代人的青春时期，都会出现像詹姆斯·迪恩[一]、尾崎丰[二]这样为青春期特有的摇摆不定的情绪代言的人。最近的研究发现，青春期的这些独有特征与人类大脑的发育有紧密联系。

掌管恐惧情绪的杏仁核，其发育会持续至成人阶

[一] 詹姆斯·迪恩（James Dean），1931—1955，美国男演员。——译者注
[二] 尾崎丰，1965—1992，日本歌手、作词家、作曲家。——译者注

段。因此，与成人相比，处于青春期的人更为敏感。例如，在不愉快的状态下记脸时，处于青春期的人，其大脑杏仁核的活动远比成人更为强烈。青春期特有的不稳定情绪很难被成人理解，这是因为成人的大脑与处于青春期的人的大脑本就存在差异。

另外，通过观察，我们可发现杏仁核活动、发育各阶段最为重要的因素分别是什么。例如，杏仁核对陌生面孔的反应，在4～17岁呈逐渐减少趋势。另外，杏仁核在看到恐惧、愤怒表情而产生不愉快的反应，从儿童期到青春期是逐渐增多的，到成人后转为减少。试回想，小时候我们大多很认生，这对生存来讲至关重要。一方面，我们是害怕被陌生人拐走，因而产生了强烈的警戒心。另一方面，从儿童期到青春期，对于周围人们的情绪反应，我们会变得更为敏感。

人在青春期时对周围的反应变敏感，是再自然不过的事。

但勿警戒过度也是十分重要的。如果因过度敏感而切断了人际关系，那就本末倒置了。刻意与人保持过远距离，完全不与人接触，绝非一件好事。

在上大学前，人际关系是有限的。举一个极端的例子，若将从事模特、演艺活动的学生和普通高中生相比，前者遇到的脸能多达后者的3倍。在均一的同龄人环境中生活，本身就是一件苦闷之事。

青春期结束后，人的情绪会逐渐平静，人际关系将更为顺畅，其范围也会拓宽。上大学后可以经历打工、留学，毕业后有社会经验，随着年龄增长，我们的人际交往将更为广阔。

害怕受伤是人之本性，但经历失败也十分重要。几次小小的失败经历，能助益我们今后人际关系的建立。而人际关系一旦疏离，便可能很难再修复如初。

让我们回到原来的话题。在记脸时，伴有情感的人际关系具有举足轻重的作用。记脸的诀窍在于，将一张脸与带有情感色彩的经历一起记忆。可以是自己和这张脸的主人在一起时的开心经历，也可以是不愉快的经历。纵使喜欢八卦也没关系，或许还得有点儿好管闲事的精神。总之，如果不对一个人的方方面面感兴趣，是记不住他的脸的。

这种特殊努力不仅与记脸时的大脑活动有关，还与记脸的数量有关。我们所记忆的脸的数量，远远超过化学符号或是单词的量。为了将大量的脸深深刻在脑海里，我们需要相当大的努力，所以得刺激情感、激活大脑。

声称自己"不擅长记脸"的人，大多并非真的不擅长。如果非要说的话，他们多是抱着奢侈的烦恼。例如，对于认识的脸，他们也想连名字都记住，或是别人记住了自己的脸，自己若记不住别人的脸就会心感不安。但鉴于我们所记的脸数量庞大，如果想记住所有脸的名字，大脑恐怕会爆炸吧。即使不这么做，大脑中记忆的脸的数量也会自然逐渐减少。如果硬要连名字也记住，只会

负载过重，导致所记的脸的数量必然减少。

事实上，如果只是记脸，大脑能记住庞大的数量。总觉得认识这张脸，于是打个招呼，进而聊天，相互回想起对方是谁，这才是用脸来与人交往的第一步。如果摒除了只记脸不记名的状态，这种与人交往的乐趣也会被剥夺得一干二净。

如果对方记住了自己，自己却没记住对方，那么或许是因为你们在情感倾注上存在温差。何不把它视作一次好的机会，思考自己与对方的交往方式，尝试一下各种努力呢？

婴儿如何记脸

如果一个人不擅长读写，那么他本人及身边的人会立刻发现这个问题，学校会让其接受特别指导。相比之

下，如果一个人天生不擅长认脸，那么他本人和周围的人均很难发现这一问题。

实际上，要做到能在任何情况下准确无误地认出相识之人的脸，是件极难之事。运用在监控摄像头、应用软件中的人脸识别技术，也并非那么简单。只有在装载了人脸的各种特性后，才能成功运行。

例如，仅仅是灯光的变化，也能使人的相貌看起来完全不同。我们能毫不在意这种变化，成功识别出脸。但实际上，这并非轻而易举就能做到。在之前谈到的脸盲症测试中，曾调查过当人物脸上有阴影时，脸盲症患者能否识别出这张脸。或许超乎大家想象，在脸盲症患者眼中，阴影有时会呈现出脸的模样。这样一来，就很难分辨出这究竟是谁的脸。

映有阴影的脸对婴儿来讲似乎也难以识别。看来，在认脸能力的发育过程中，隐藏着正确认脸的启示。婴儿在4个月大以前，是通过眼镜、发型等显著特征来认脸的。比如，刚才还一起快乐相处的人，一旦戴上了帽子，婴儿便会认不出来。若是成人，即使朋友改变了形象，也能认出。但这一时期的婴儿尚不能通过脸的特征来准确记住对方的脸。

有趣的是，如果让脸部活动起来给婴儿看，婴儿反倒能通过脸上的特征来进行记忆，并且能在更短时间内记住这张脸。比起一张沉默而无表情的脸，动起来的面部表情更为重要。所以可以和婴儿玩躲猫猫游戏，或是给婴儿一个笑脸等。

婴儿在记脸时，之所以几乎不使用关键的脸部特征，是因为视力不佳。正如我们前面所提到的，新生儿喜欢看脸，但其视力仅有0.02。实际上，正因为视力差，进入眼睛的信息量少，因此他们能立刻学习和掌握。迅速习得少量信息，待到视力发育后再慢慢观察。这才是婴儿采用的战略。

另外，有些婴儿天生视力就好。那么，是否天生视力好的婴儿认脸能力更佳呢？

美国曾对自闭症患者的弟弟、妹妹在婴儿期的视力进行过检查。关于自闭症，相信许多人都听说过——这是一种与他人交流困难、社会性发展存在缺陷的发育障碍。由于其原因不明，因此研究者对遗传上相近的患者弟弟、妹妹的童年期开展了研究。

研究对辨色力及对比敏感度视力进行了测量。"对比敏感度视力"是调查与视力相关的大脑发育的一种方法。普通视力检查是将文字缩小，以测试被试者所能读取的最小尺寸。对比敏感度视力检查则是测试被试者能将文字看得多细致，以及能读取印刷浓淡度多淡的文字。

检查结果显示，患者弟弟、妹妹的辨色力与普通孩子无异，但对比敏感度视力要好于普通孩子。

如何与"不擅长认脸"的人相处

自闭症儿童擅长识别形状。玩画迷时，他们能更快地找出正确答案。例如，在画迷书《视觉大发现：威利在哪里》（Froebel-Kan Co., Ltd）中，他们能从画有许多人物的风景中找出身穿红白色条纹上衣的威利（见图2-6）。

与此相矛盾的是，自闭症儿童并不擅长识别人脸。就认脸能力而言，婴儿期的好视力并未给他们带来任何益处，相反地，似乎还给能力造成了不利影响。

在认脸上，自闭症儿童的最大特征在于其独特视点。请大家看图2-7。实际上，脸具有撒切尔效应，即倒着的脸上的一些局部特征很难被人发现。但对自闭症儿童来讲，撒切尔效应的影响似乎很小。无论正立或是倒立，对他们来讲，脸看起来都是一样的。研究认为，这或许是由于自闭症儿童是将脸作为面部各部位的集合体来认识的。

图 2-6 《视觉大发现：威利在哪里》是从大量人群中找出戴着帽子和眼镜、穿红白条衬衫的威利的画迷系列书

　　这是必须要一处不漏地仔细查找才可以找到威利的图画游戏。患有自闭症的孩子却可以很快找出来。（封面提供：Froebel 馆）■

图 2-7 撒切尔效应

　　被誉为"铁娘子"的英国前首相玛格丽特·撒切尔的脸。倒立时难以看出左右图片中脸的差别。但将书倒过来看时，则能分辨出真正的"铁娘子"的脸。■

自闭症儿童的另一特征是，将视线倾注在无关之处。例如，不看眼睛而只看嘴，不关注正在说话的人等。研究者通过采用视线检测装置的实验得知，他们的视线动向与普通人相异。

天生不擅长认脸的发展性脸盲症患者有着与自闭症者相似的特征。曾经有过这样的实验，给发展性脸盲症患者看照片，并测量他们记忆照片时的视线。结果发现，发展性脸盲症患者的视线总是朝向并不重要的地方。

与此完全相反的是被称为"超级识别者"的人们，指的是在记脸测试中成绩非常优异之人。他们擅长瞬间观察脸的重要部位，其视线以鼻子为中心，瞬间掌握脸的整体特征。

仅是视线动向的差异，也能很大程度上影响人们对脸的认识。只要能正确地移动视线，或许就能对脸有不同的认识。当然，这一想法还有待未来的研究成果来证实。但现实生活中，天生不擅长记脸的人们却不得不承受不便的生活。

即使他们自认为与他人无异，也有可能给周围的人留下不和谐的印象。例如，有的孩子在路上遇见同学时，就好像不认识一样擦肩而过。他们没有去记同学的脸的意识。出于担心，家长们会来找我咨询。还有的孩子无法构筑良好的人际关系，因此变得闭门不出或拒绝上学。

对于这样有困难的人，知晓其特征和原因十分重要。他们并非不好交往，也并非盛气凌人、故意无视对方。如果能知道这仅是因为他们无法认脸、记脸，或许就可以找到解决问题的头绪。著名的好莱坞影星布拉德·皮特就曾自曝常年遭受发展性脸盲症的困扰。

如果戴着明显的姓名牌，患有脸盲症的孩子就能意识到这是同学，进而去确认对方是谁。患者本人和周围的人需要相互理解各自的差异，一同来考虑有效的应对方法。

第 **3** 章

眼睛拥有与口相媲美的表达力

你在意他人的视线吗

乔治·德·拉图尔《玩牌的作弊者》(1630〜1634年)

自分の顔が好きですか

视线可怕吗

当被人注视，或用手指着时，我们都会吓一跳。这或许是注视面庞时开始活动的大脑部位颞上沟（Superior Temporal Sulcus，STS）造成的（请参考图2-1）。颞上沟会在注视表情或视线时活跃。

在哈利·波特的故事中，有描写肖像画中的人物眼睛滴溜儿转的一幕。单是昏暗房间中的古老肖像画就足以令人生畏，如果画中人物还一直追着自己看，那简直让人毛骨悚然。但即使没有特殊的摄影技术，仅用一张薄纸上的画或海报，也能达到同样的效果。

只要是画在纸上的平面人物、海报、绘画……无论素材如何，人物的视线都可追着人走。只要处于同一房间，无论移动至哪个角落，都无法逃离视线的追逐。长大后多半察觉不到，但当我们还是孩子的时候，是否曾觉得这样的绘画或照片很吓人呢？（请大家看看本章开头处插画《玩牌的作弊者》中是否有一个人物的视线会追随你移动。）

实际上，这是平面人物画所特有的"视错觉"。所谓视错觉，是指人在观察事物时所产生的与客观事实不相符的错误感觉，从其中可以看出人的观察癖好（见图3-1）。人们在观察面部时，也会产生视错觉。由此时的视错觉可得知，人的视线之所以能清晰地集中到一个点上，是因为人的脸和眼球是三维立体的。正因为脸和眼球有些许纵深，所以视线才能看起来是集中在一个点上的。平面绘画由于缺少这种立体纵深，所以导致画中人物的视线朝向含糊不清，投射范围广。

但这种含糊不清的视线似乎总是指向看画的我们。其实，这也是一种视错觉。之所以会产生这样的视错觉，恐怕与我们的心境有关，因为人对于追逐自己的视线十分敏感。

"狠瞪眼""被狠瞪眼"……视线能成为对抗的原因。在这一点上，人与动物有着共通性。例如，切不可随意和野生的猴子有视线接触。因为在野生动物的世界，视线接触意味着敌对。

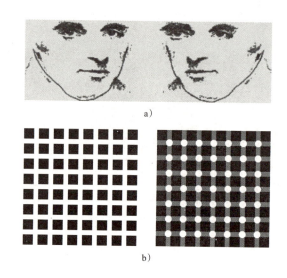

图3-1 视错觉之例

图3-1a：沃拉斯顿错觉。左右侧脸上的视线是否看起来朝着不同方向呢？这也是错觉。请盖住周围，只看眼睛。实际上，左右侧脸的眼睛完全相同。只是加上脸的整体图像后，视线方向看起来会不一样。

图3-1b：白色格子交叉点处能看到灰色圆圈的"赫尔曼栅格错觉"（左侧），以及交叉点看似一闪一灭的"格里德火花错觉"（右侧）。

虽然有这样的共性，但人的视线移动更为灵活，可以朝向各处。这是由人眼的特殊形状所决定的。让我们来比较一下与人类相近的其他哺乳动物的眼睛（见图 3-2）。动物眼睛几乎全是黑眼珠，白眼球分布广大的只有人类的眼睛；并且动物的眼睛呈圆形，人眼呈杏仁形，且黑眼珠小。这一特殊形状使人眼在左右方向上的视线朝向清晰可见。

作为人眼特征的白眼珠与眼睛正中黑眼珠的对比，在观察面部时起着重要作用。让我们来看一下眼珠与视线的不可思议之处。

图 3-2　眼睛的形状

从左往右分别是日本猕猴、领狐猴、猩猩、人类的眼睛。哺乳类动物中，人类的眼珠形状最为特殊，呈椭圆形，且黑眼珠小。这一构造使人类的视线朝向清晰可辨。■

"眼神"支配魅力？

黑眼珠的大小左右着脸的魅力。例如，漫画、动画角色都有一双大黑眼珠。对这种真人绝不可能拥有的明亮大黑眼珠，我们不觉害怕，反而感到很有魅力，真是不可思议。这或许是因为黑眼珠的魅力。

与此呈鲜明对照的是"恐怖谷"现象[一]。尽管靠现今电脑图形技术完全可以实现，但从未有过和真人一模一样的动画片。这是因为和真人一模一样的角色会令人感到害怕，令人生厌。

人工智能也是如此，仿真机器人的逼真度越高，越让人感到毛骨悚然。例如皮肤过于细嫩光滑，或是看不见毛孔。这类过于完美的部分会让人产生不谐调感，觉得其"不像人类"。人对自己的容貌很敏感，能强烈感到与自己过于相似的特征，对仿真人心生恐惧。

虽说如此，随着好莱坞电影中电脑图形技术的普及，我们比以前更为熟悉"合成人"。2009年上映的电影《阿凡达》中电脑合成的外星人的脸被大众接受可以说是一个契机。但这部电影为了让外星人与人类稍稍保持一定距离，将其形象设计得很像人类，但又混合了动物特征。这或许是电影成功的秘诀。

人会对仿真人产生恐惧，但对拥有大眼睛的动画角色毫无怯意，尽管其眼睛大到从脸的构造上来讲绝不科学，且作为生物来讲极不自然。真是不可思议。

眼睛真有如此大的魅力吗？民间流传着许多让黑眼珠显得更大的技巧，比如戴让黑眼珠显大的隐形眼镜，以及化妆、整形等。

装饰黑眼珠并非现代独有的时尚。中世纪的意大利女性之间也曾流行如何使黑眼珠中的瞳孔显得更大的方法——她们用扩瞳眼药水来放大瞳孔。这一时期所使用的生物碱系列眼药水名叫"bella donna"，在意大利语中意为"美女"。由此可以推测，其效果应该相当不错。

[一] "恐怖谷"现象，亦称"恐怖谷"理论。是日本机器人专家森昌宏于1969年提出的一个关于人类对机器人和非人类物体感觉的假设。人形玩具或机器人的仿真度越高人们越有好感，但当超过一个临界点时，这种好感度会突然降低，越像人越反感恐惧，直至谷底，称为恐怖谷。——译者注

1965 年，美国心理学家赫斯进行了一项实验。仅将照片中女性的瞳孔涂大，便获得了男性的好评，认为其印象更女性化，更可爱、柔和（见图 3-3）。男性的这一判断是无意识下的行为，谁都没注意到瞳孔的大小。并且这一印象效果有选择性，仅对男性有效，且对男性中的同性恋者无效。

我们从赫斯的另一实验中还可得知，瞳孔会对身体情绪做出强烈反应。实验中，男性在观看男士杂志中的招贴画女郎照片时，以及女性在观看婴儿照片时，瞳孔均变大了。而在观看觉得无聊的照片时，实验参与者的瞳孔则未产生任何反应。由此发现，对于感兴趣的、能让情绪和积极性高涨的对象，我们的瞳孔将放大。这一发现让我们可以从瞳孔变大的眼睛中捕捉到对所视对象的强烈关注。

归根结底，眼睛是心灵之窗，是人类情绪的外在表现。

图 3-3 你认为哪张脸更有魅力呢

据称仅将瞳孔扩大（右侧脸），便可让女性魅力大增。但这一效果仅对男性有效。■

为什么会产生视线恐惧

眼睛是一种物理上很显眼的刺激。

为防止鸟类偷食庄稼,农民有时会在田地里放上鸟类讨厌的眼珠模样的气球。此外,有的甲虫、青虫、蛾子身上也带眼珠花纹(见图3-4),这也是为了抵御天敌鸟类。我曾经在大学校园里见到过其中一种枯叶夜蛾的幼虫与成虫,虽然只是花纹,但样子很怪异,让人不想去触碰。或许这便是眼神的威力吧。

人眼的威力源于白眼珠与黑眼珠的对比。

如果将黑、白眼珠互换,则会产生不可思议的现象。让我们来看图3-5,将黑、白眼珠互换后,变得难以判断出这是谁的脸。尽管尚未明确为何白眼珠是白色的,黑眼珠是黑色的,但黑、白眼珠在观察面部时似乎起着重要作用。

图3-4 眼神在自然界也通用

蝴蝶、蛾子幼虫身上的眼珠花纹,是为了帮助它们抵御天敌(图3-4a)。眼珠的这一效果也被用于驱逐乌鸦(图3-4b)。■

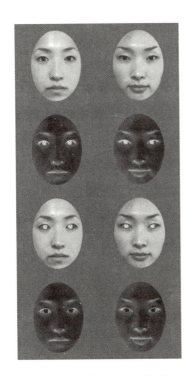

图 3-5 神奇的眼睛黑白反转现象

如果把整个脸的颜色黑白反转,将难以辨认出脸(第 2 排)。但仅通过恢复眼珠颜色,便能使脸容易辨认(第 4 排)。相反,只把眼球颜色黑白反转,也会使脸变得难以识别(第 3 排)。■

即使因人种不同而使眼睛的颜色有所差异,白眼珠中虹膜(眼珠中带颜色部分)的颜色均比白色暗。明亮、纯白的白眼珠中包含着暗色的虹膜,或许这正是人类的魅力所在。

作为佐证,当见到与人不同的眼睛时,我们会感到恶心。在恐怖电影、好莱坞电影中,白眼珠被涂成奇怪颜色的,无非就是外星人、吸血鬼吧。一见到这样的眼睛,我们就会感到不舒服。不仅是颜色,形状也一样。如果我们仔细地观察可爱的小绵羊或山羊的眼睛,可以发现其与人类或猫、狗不同,黑眼珠呈细长形。意识到这一点之后再次观察其眼睛,我们会大受打击(见图 3-6)。

眼珠黑白反转的影响,在婴儿身上也存在——婴儿无法对眼珠黑白反转的脸进行学习。为了弄清黑白反转是否仅在眼睛上起作用,我们将白色的牙齿涂成黑色,就像古代日本女性结婚后将牙齿染黑那样,然后给婴儿看。结果,婴儿能记住这样的脸。虽然我们不知婴儿在看眼珠黑白反转的脸时有何感触,但可以明确的是,眼睛的黑白色在认脸时起着重要作用。

为何黑白眼珠会如此重要呢？通过关注引人注目的眼睛，或许能找出其所蕴含的人类独有的魅力。

此外，对于更可能具有高敏感度视力的自闭症儿童，或许更能强烈感受到眼睛的黑白对比，这一现象有可能引发他们特有的行为模式。

我时常见到不擅长眼神接触的人，以及眼神接触与常人不同的人。大家曾遇到过不愿与人接触的孩子，或是目光呆滞、一直盯着人看的孩子吗？

其原因多种多样，但有一点可以作为启示。澳大利亚自闭症作家唐娜·威廉姆斯在自传《无处无人：一个自闭症女孩的非凡自传》（*Nobody Nowhere: The Extraordinary Autobiography of an Autistic*）中讲述了她自身的自闭症及遭受虐待的痛苦经历。自闭症患者特有的感觉世界在书中被描写得淋漓尽致：看他人的眼睛或脸庞会让自己有被俘获的感觉，相比之下，还是说话更轻

图3-6 山羊的眼睛
观察山羊、绵羊等的眼睛可发现，其瞳孔呈细长形。

松。对无须言语只用视线便可自然地交流感情的常人来讲，自闭症患者的方式着实不便。

究其原因，或许是由于眼睛带来的刺激过于强烈。对比敏感度视力过高，就会像鸟类一样，想要去回避眼睛。有的自闭症患者甚至形容说，对方眼睛的刺激太过强烈，自己的眼睛就像要燃烧一样。相反，有的自闭症患者却会盯着他人对比强烈的眼睛看，一旦眼神接触，视线便再也不会离开。回避眼睛，或是盯着对方眼睛无法移开视线，尽管表现不同，但其原因均在于眼睛很具刺激性。

对视线敏感和钝感的人

如果人群中有一个人在盯着你看，你能立刻察觉吗？被人注视时，无论从好的方面还是坏的方面上讲，我们都会在意。多数人能立刻察觉注视自己的视线。这种灵敏度，不知大家是否曾注意到？

电车中茫然盯着在意的人看时，却被对方发觉。这种经历大家有过吗？与之完全相反，当车中有人盯着自己看时，我们能在无意中察觉到。这种情况大家体验过吗？此时，我们难道不想去确认对方是什么样的人，是自己感兴趣的人，还是可疑人物吗？

众多面孔中，如果有一双眼睛在盯着自己，我们能够迅速察觉。这已得到实验证明。相反，如果人群中只有一个人没在注视自己，我们却很难发现。由此可见，这种迅速察觉的灵敏度只对注视自己的视线有效。

实际上，我们感知他人视线的能力十分优秀，其精确度超乎想象。我们读取视线方向的精确度甚至高于视力所能辨别的范围。当感到被人注视而回看对方时，我们的判断十有八九都是正确的吧。这一能力极为特殊，简直可以称为超能力。

尽管如此，其他实验却发现，有人无法觉察投向自己的视线。那便是自闭症患者。他们能察觉视线方向，但并不会优先处理将投向自己的视线，而是会公平地判断投往各个方向的视线。反过来讲，可媲美超能力的针对视线的特殊敏感度，是由与"正在被注视"这一情感相伴的真实体会来支撑的。而公平看待视线的人，或许正缺乏这一体会。

对于自闭症者的这一的特征，周围的人们也需要了解。例如，像刚才谈及的那样，自闭症患者在看对方的脸时，不看眼睛而看嘴。虽有研究称这是因为嘴经常动，更为显眼，但也有可能他们是在刻意回避对方的视线。另外还有研究证明，自闭症患者对正在说话的对象也缺乏注意力。

在记录自闭症患者观看朋友间聊天影像的过程后发现，常人会关注说话人，而自闭症患者关注的则是与聊天完全无关的地方。这种关注方法很可能使他们无法掌握关键的聊天状况及语境。

例如，仅通过说话人和听话人是否有眼神交流，便能获得许多信息：是正经话，还是玩笑话，或是在撒谎等。如果再观察说话人的表情，还能知道这是不愉快的话，还是欢乐的话。不仅是内容本身，说话时视线、表情，也能让聊天发生本质意义上的转变。当然，自闭症患者并非故意在注视无关痛痒的方向，这只是他们特有的视点。

让我们思考一下日常的生活。感知视线动向并迅速察觉与自己相关的人，注视正在说话的人……每一个动作看似平淡无奇，但若无法做到，恐怕会听漏会话的要点。聊天时老跑题、不好好听人说话，大家周围有可能也有这样的人吧。他们并非故意如此，也非注意力不集中。

那么该如何与这样的人交流呢？其实，通过思考他们的视线特征，或许能发现我们自身平常无意识做出的交流习惯。朋友之间通过视线、表情等便能相互传达心意的情况有多少呢？在仅有语言的电子邮件中经常加入"表情符号"，是在借助脸的力量（见图3-7）。那么大家可曾努力将表情、视线交流的要点用语言来表达呢？

(^^)　(T_T)　(>_<)　(^^;)

(゜Д゜)　(+_+)　(^.^)/~~~

图3-7　表情符号示例
请尝试在文字内容为"没问题"的邮件中分别添加上图中不同的表情符号。添加的表情符号不同,邮件表达的意义也将不同。脸的力量十分强大。■

这些努力本来并不特殊。老师、父母、长辈、上司,对于和我们不同类型的人,不使用语言便不能准确传达我们的想法。在外国的交流同样如此。

交流方式存在文化差异。将视线放在何处,该是何种表情,文化不同,做法也不同。我们的交流,不仅是语言,连同视线、表情的交流都印有日本人的文化特色。

而文化还会精炼出不同的世代特征。其中,作为处在上学年龄,或是住所周围亲近之人众多的共性团体中一员的年轻人,其特征尤为明显。"年轻人用语"便是其象征之一。不只是当今在用的"超赞"等词,仅在年轻人中通用的词存在于所有年代。当那一代的年轻人不再年轻时,曾经的流行语,诸如"装纯""超扫兴""潮""早"⊖等最终都成了废词,消失无踪。

⊖ 日语原文依次为"ぶりっこ""どっちらけ""ナウい""おっはー"。——译者注

使用这些词语的仅限于朋友圈内的交流，或许十分轻松。但就像年轻人用语会不断消失一样，我们迟早也需从这种交流方式中独立出来。因为能通用于异文化的交流方式会成为必须。总有一天，我们需要有意识地改变自己的交流方式。

视线读取能力的发育

大家曾有过在电车中被婴儿盯着看的经历吗？一旦视线相遇，婴儿便很难将目光移开，让我们或感开心，或感害羞。为什么婴儿如此乐于盯着脸看？他们又喜欢什么样的脸呢？

新生儿喜欢看脸这一点，刚才已经提及。在选择脸时，眼睛对他们来讲是一个关键。与眼睛闭着的脸相比，他们更喜欢看眼睛睁开的脸。等长到4个月大时，婴儿将对视线方向变得敏感。即使同样是睁着的眼睛，他们更喜欢与自己对视的脸。也就是说，一旦目光相遇，他们便会长时间凝视对方的脸。

与脸相同，婴儿从出生开始便对视线很敏感。并且，就像认脸能力会逐渐发育一样，婴儿从眼睛中读取的内容也会逐渐由对眼睛的察觉成长为对视线方向的把握。

对婴儿来讲，与他人视线和脸的对视似乎极为重要。对大脑进行调查的实验发现，5个月大的婴儿在见到脸的侧面时，主管脸部观察的大脑部位并不会发生反应。因此，我对迄今为止以婴儿为对象的实验中使用过的脸进行了调查，结果发现几乎所有的脸都朝向正面。由此可见，双眼对视的脸和视线，是吸引婴儿的最大魅力。

对婴儿来讲，朝着自己、与自己视线相对的脸，才是与自己相关的脸、有意义的脸，是需要有意识地去掌握的脸。相反，视线并未相遇的脸，便意味着对自己不感兴趣，或许就会变成可以无视的脸。

如果有机会与婴儿接触，请大家一定观察一下，与婴儿对视时和将视线移开时，他们会发生怎样的变化，他们是否会对我们无意识的视线变化做出反应。

人类从婴儿时期便开始积极学习视线交流，其能力会逐渐发育。通过与婴儿的交流，妈妈也能与孩子一起成长。从某种角度来说，婴儿拥有引导周围大人，使其成长为父母的能力。

希望大家找个机会和婴儿碰碰面。我曾为第一次接触婴儿的人设计过"宝贝眨眼对视游戏"。即使是羞于扮表情，或是带孩子累到懒得扮表情的母亲，也能通过眨巴眨巴眼睛或是眼睛滴溜溜地往四处看等简单动作来观察婴儿，学习与婴儿交流的技巧。无论从交流的角度，还是从育儿角度考虑，这都是一种能有所学、有所获的游戏。

婴儿与母亲的共同成长

所有的母亲和婴儿看起来似乎都很亲密。只要从出生开始一直在一起，关系自然就能变亲密吗？

对新生儿与母亲的行为进行的仔细观察研究，让我们获得了意外发现。婴儿与母亲并非天生就合得来。

如果从一出生便开始观察婴儿注视母亲眼睛的时间，以及母亲注视婴儿眼睛的时间，我们便可以发现发育上的变化。不仅是婴儿注视母亲的时间，母亲注视婴儿眼睛的时间也会逐渐变长。正如我们之前谈到的那样，随着婴儿视线的发育，新生儿由喜欢睁着的眼睛转变为喜欢和自己对视的眼睛，其观察视线的灵敏度将提高，注视眼睛的时间亦会自然变长。

与之相应，母亲也会成长。由数据得知，母亲追逐婴儿眼睛的技能会逐渐提高。她们并非一开始就适应母亲这一角色,而是在育儿过程中逐渐成长为一位母亲。

婴儿注视母亲的视线由茫然变清晰,这一变化便是育儿的奖励,激励着母亲的干劲。逐渐地,婴儿与母亲就会变得很有默契。

但是,有的母亲并不能很好地接受这一奖励。或是因育儿而疲惫,或是因忙于育儿以外的事情,其原因多种多样。比起母亲本人的资质,当时所处环境状况所占因素影响更大。

尤其是育儿疲劳,这几乎是每个母亲都会面临的问题。产后因激素水平波动而陷于抑郁的情况时有发生。父亲繁忙、在无朋友的环境中育儿等孤立的育儿环境,也会让母亲陷入抑郁。甚至会出现虐待婴儿、放弃育儿等悲伤事件。即使严重程度不至于此,如果在这一时期无法很好地接受婴儿的视线,很可能会失去与婴儿变得默契的机会。这种小小的挫折处处都可能发生。当然,育儿的角色并不仅限于母亲,谁都可能成长为母亲的替身。对育儿来讲,周围的环境极为重要。

视线是交流之源泉

我们知道,生下婴儿之后,人们并非立刻就能成为父母。在与婴儿交流的过程中,父母也会成长。当然,父母的成长并不限于婴儿时期。即使是现在,我们的父母也在与我们一起继续成长。

再回到婴儿的话题。我们知道,亲子的视线是交流的重要基石。迄今为止我们所观察到的婴儿对视线的理解,仅停留在单纯张开的眼睛或是注视自己的视线上。与我们对视线的理解相比,显得很幼稚。

对作为大人的我们来讲,视线中包含着许多含义。

一个注视或许会让我们心中一惊，或许会让我们感受到某种意图，总之会伴随着各种各样的情感。那么，理解视线意图是从何时开始的呢？这得从亲子间巧妙的视线交流训练谈起。

新生儿虽无法理解意图，但在约10个月大的时候，便能理解类似对方意图的东西。婴儿开始说话是从1岁半到2岁左右开始，也就是说，他们在学会说话之前就已经能理解对方的意图了。这可以说是一种很早的发育。

实验证实，10个月大的婴儿会窥视怀抱着自己的母亲的脸，通过观察母亲的神色来决定自己的行动。即使让他们坐在玻璃板下能看见悬崖的假悬崖上，如果母亲在微笑，婴儿也会奔着母亲而去。相反，如果母亲表情惊恐，他们便会原地停留。也就是说，他们能通过母亲的表情来判断自己的处境。

那么，婴儿的注意力何时开始离开母亲的眼睛而转向外界呢？

出生6个月后，婴儿的注意力就开始转向视线所关注之处，开始在意对方正在注视的对象。婴儿所感兴趣的对象，并不像鸟类那样是眼睛本身，而是会远离眼睛。这也可以说是从动物向人进化的戏剧性变化。

婴儿会在视线所关注的世界中逐渐成长。他们首先会步入"共同理解"的阶段。9个月大左右时，婴儿会与父母一起，相互凝视同一对象。例如，他们能关注母亲视线所到之处，在那里发现新的玩具或点心，并和母亲一起确认该对象。通过相互间的视线交流来共享同一个世界，意味着创造出人类独有的共通认知世界。这也是让人预感到进一步进化的行动。

接下来，这种认知世界的分享将从"视线关注之处"转移至"手指所指之处"。父母和婴儿通过用手指的方式，来一起确认一个个物体，并可以教婴儿"这是妈妈""这是饭饭"等词语。这能帮助婴儿习得人类独有的"语言"，同时也是语言不通的婴儿时代即将结束的征兆。

或许，眼睛就像一扇窗户，通过自身器官来将自己扩展至外界。婴儿通过与母亲的视线共享来摆脱只有自身的封闭世界，成长至与他人共有的世界。在包含语言在内的交流能力的获得上，视线和眼睛发挥着非常大的作用。如此一来，知晓自己的视线是否向他人敞开，或许十分重要。

日本人没有视线交流

大家在聊天时，会和对方有视线交流吗？还是会避开对方的眼睛，目光朝下、叽叽咕咕、我行我素地说话呢？

在介绍礼仪的书籍中，视线朝向是一个经常出现的话题。一方面，过于盯着对方眼睛看是不礼貌的行为。另一方面，书中还会写道，参加面试时，要看着面试官的眼睛仔细聆听其讲话；轮到自己发言时，要把目光落在面试官的鼻子部分等细节。

与观察视线的发育相比，这些行动显得有些不可思议。试想，婴儿时期，人们把别人的眼睛作为关注对象是很自然之事。但长大成人后，"看着对方眼睛说话"却特意被写在了指南之中。这究竟是怎么一回事呢？

随着长大成人，我们在观察脸或视线时，会伴随着情感。无论是观察别人的脸，还是向别人展示自己的脸时，都无法撇开情感。而情感却会随着成长而变得越来越复杂。刚出生的婴儿只会哭泣、生气等简单的情感喷发；但不久后，他们会使用情感来调整与别人的关系，创造出腼腆、害羞、故意哭给别人看等情感。这些情感均以和别人的关系为前提。除此之外，大脑中与情感相关的杏仁核的发育也促使情况进一步复杂化。人际交往恐惧情绪的产生也扮演着重要角色。不仅如此，随着成长，个人所处文化中固有惯例的习得也与视线有着极大关系。

例如，与欧美人相比，日本人很少与他人有视线交流。即使在东方人中，日本人的视线方式也可称得上特别。曾有外国的研究人员玩笑参半地说："日本人不是在看脸，而是在看领带吧。"日本的礼仪指南中的确是这么写的。此外，利用眼动仪对眼睛运动做详细测定的实验也证实，日本人的视线具有特殊性。

该实验让参与者一张一张地看脸部照片，并用眼动仪来测定参与者的观察方式。结果显示，日本人在记脸时，几乎不看眼睛。为了记住脸而观察对方时，日本人会将视线从对方的眼睛处移开，关注稍稍下方的嘴唇附近。与此呈对比的是，欧美人会遵循观察脸的规则，去看整个脸部。对日本人来讲，不与他人视线相交是一种礼貌，已深深扎根在人们心中。但这种观察方式与不擅长记脸的人有相似之处。换句话说，日本人可能普遍不擅长记脸。

另一实验也暗示了这一倾向。该实验结果与记脸的结果相矛盾：在判断对方开心、生气等表情时，日本人有观察对方眼睛周围的强烈倾向。而此时，欧美人倾向于观察对方的整个脸部。也就是说，日本人存在这样一种矛盾倾向，即在记脸时不会去看对方眼睛，但在区分对方表情时会对眼睛进行关注。

运用心理学时的小贴士

为了更好地理解这一结果，让我们追溯一下稍稍古老的研究。在此之前，先跑一下题，谈谈应如何对待心理学中的古典研究。在科学心理学中追溯古典研究时，年轻人需要一些注意事项。

在日本，心理学被归类为文科类学科。但切莫忘记，其本质为科学研究。科学是伴随着交锋辩论、提出新成果并不断更新常识的，当然，心理学也是如此。但由于其中包含临床心理学、犯罪心理学等将心理学作为技术来利用的领域，且其周边还有教育学等相邻研究领域，因此人们常常忘记其本质。

尽管在科学心理学中，新数据会不断颠覆、更新旧常识，但遗憾的是，相关信息得不到更新，以至于过去的古旧信息仍被信奉的奇妙状况仍然可见。除了捏造绝无可能的被狼养育的狼少女的传说，还有婴儿生下来时就像白纸一样眼不能见、耳不能闻的轶事，直到最近都还留存在教材之中，不得不让人感到惊愕。

还有一些研究，虽然不如这些轶事那么极端，但也本该随技术革新而被舍弃。可事实是，时至今日仍有一些地方将其作为研究而采纳。

在这里举一个残酷的事例——精神医学中的脑叶白质切除术。随着医学的进步，现在切除大脑额叶来治疗精神疾病的脑叶白质切除术已被精神药物取代。但在当时，还设计出了利用冰锥从眼窝进入大脑进行手术的简便方法，以致这种手术大量被实施。可以说，这是一个告诉我们要有勇气去舍弃古旧方法的事例。传达过去见解的研究，有着其作为历史性见解的重要性，但并非今后应该研究的课题。

即使站在运用心理学的立场，如果不知道最新成果，也会引发问题，不仅不能发挥心理学的作用，而且可能造成危害。

例如，最新研究证明，在孩子明确切割单词、习得语言的过程中，"狗狗""饭饭"等"儿语"是一个必经阶段，有人却大力申诉："不能使用儿语！"因为他们认为使用儿语会让孩子感到混乱。其实这毫无任何根据。也就是说，尽管有基于科学数据的最新知识，他们仍然按照自己的经验，将错误的实践强加于人。纵使不至于如此严重，小的问题也层出不穷。例如，由于阅读障碍症（不擅长读写语言的障碍）在使用英语的国家大量出现，我们应慎重考虑童年时期的英语学习。婴儿期需扎实地习得母语，注意避免过度的外语学习。对从事心理学相关工作的人来讲，需随时有意识地更新诸如此类的种种知识。

当然，过去的见解中，在考虑技术差距的基础上，也有许多能作为"知识"发挥作用的内容。就好像如今不会再有人用打字机写论文一样，没有人会像过去那样做研究。对我们来讲，重要的是将过去的见解作为知识来了解，并将其与最新的研究成果区分开来掌握。

敏感的日本人

让我们回归正题。如果依照 21 世纪头 10 年发现的日本人的视线法则来研究古典研究，就可以看出日本人的文化背景。

这便是 20 世纪 70 年代流行的美国发展心理学家玛丽·爱因斯沃斯依据"依恋理论"进行的研究。研究实验把参与者放到一个房间，将幼儿们置于特定状况中，以此观察他们的行动。

首先，让幼儿与母亲一起进入新房间共同玩耍，之后让完全不认识的女性进入该房间，最后让母亲退出房间。由此来观察母亲退出房间后，幼儿会如何行动。

观察对象为 12～18 个月的幼儿。结果是，他们对母亲的不在毫不关心。尽管这被视为一个问题，但按照美国标准来看，即使母亲不在也不过度慌乱是一种很好的表现。与之相比，在日本进行相同实验时，几乎所有幼儿均会对母亲的不在显示出明显的不安，要么去追赶母亲，要么哭成一团。

如从欧美标准来看，日本大部分的亲子教育都有问题。但如若从另一角度考虑，日本人的育儿方式之所以被视为怪异，是因为欧美标准存在偏颇。由此可以看出，与欧美相比，包括日本在内的东亚国家有着迥异的文化。

运用了最新技术的实验表明，文化差异从人更为幼小的时期就已开始展现。追踪婴儿观察脸时所关注部位的视线动向实验表明，婴儿从7个月左右开始就已呈现出文化特性。也就是说，日本人从婴儿时期开始就已有观察表情时注视对方眼睛的倾向。

为何这样的文化差异会从婴儿时期就开始存在呢？

日本人与欧美人观察表情时所注视部位的差异，原因似乎在于其各自表情表现方式的不同。

正如在好莱坞电影或美国电视节目中看到的那样，欧美人的表情表达较为夸张。日本人去欧美时，即使只是在街上与人擦肩而过，也会变得感觉好像必须比平常更大幅度地活动嘴周围的肌肉，做出笑脸。与欧美人相比，日本人的表情特征在于没有大幅度的表情活动。比起张开口大笑，日本人更倾向于用宛然微笑的眼睛来相互传达情感。

仿佛是遵循这一倾向，日本人在观察表情时，视线会集中在对方眼睛上。让人觉得好像是要拼命看出眼睛表达的微小变化。

这也证明，从视线的落点可以读取出日本人敏感的情感交流。这一特性连刚刚7个月大的婴儿都已掌握。虽然让人觉得匪夷所思，但人们的确是从小接受文化的洗礼，这也是文化的形成方式。

从视线动向中，我们可以看出日本人的表情交流所特有的敏感性。日本人以非常微妙的变化来传递表情，这是我们从小就已掌握的。另外，因为这种传递方式非常简练利落，因此具有极难理解的特点。其他文化中不曾见的精练化、细致化情感交流似乎也引发了日本文化中让他人"好好察言观色"的要求，以及对"不懂察言观色"的人的责备。但是，这种认识需要改变。因为"察言观色"是一种特殊能力，"不会察言观色才是理所当然"。

第 4 章
漂亮的证件照

桥口五叶《化妆女》(1918 年)

自分の顔が好きですか

脸部照片：媒介的历史

照相技术传到日本是从江户末期到明治时期。当时的人们第一次通过照片看到自己的容貌，会是一种怎样的感觉呢？会对照片中自己的脸感到吃惊、恐怖，或者因为觉得这根本不是自己的脸而感到愤怒吗？在此之前的江户时代，作为照片的替代品，浮世绘广为流传，描画了当时作为偶像明星的歌舞伎演员们的身姿。照片与浮世绘，二者的区别何其之大。

能通过照片清晰地观察他人或自己的脸，是在照相技术得到普及之后，距今仅有200年。与漫长的人类历史相比，期间尚短。

不仅是照片，在其之后的媒介进化，若从观察脸的角度讲，可以说是一场巨大的历史性革命。报纸上开始刊登政治家、名人、罪犯的脸部照片。就像历史剧中演出的那样，"瓦板"[一]上穷凶极恶之徒的肖像画逐渐被真

[一] "瓦板"为江户时代刊载新闻等的小册子，进入明治时代后被报纸所取代。——译者注

实的照片所取代，开始广泛使用。

更加剧烈的变化应该是可以看到脸在动的电影的诞生吧。电影的普及，诞生了许多世界级的明星。各个国家众多明星的喜怒哀乐的脸映入了观众的眼帘。

再加上电视的普及，让影像离我们很近，有着各种各样容颜的人的言谈举止都可以在自己家里看到。原本无从知晓的名人们的悲欢离合，在家里喝个茶的工夫就可以知道，不只是演技上的表现，连那个人的私生活的传闻都可以知道，甚至比自己身边朋友的私事还要详细。

当通过网络进行交流逐渐盛行起来，我们可以接触到更多普通人的脸。有些许印象的脸和认识的脸的数量呈几何级数增长，可以说这是一场革命性的变革。

现在，个人简历或主页中的照片里把自己的脸作为表明自己的一种标识已是很普通的事情，但是对于江户时代的人来说，可能会感到莫名其妙。

脸可以表现人物吗

学生证上的照片、简历上的照片、相亲照片、护照照片、驾照照片，各种各样状况下用来证明自己的就是我们的面部照片，俗称大头照。这已被认为是理所当然的，但为什么是我们的面部照片呢？在科幻电影中，也可以通过瞳孔或指纹来判定一个人，这在技术上完全是可能的。

也许是人们更喜欢通过脸来判断我们自己。让我们回顾一下自己平常的生活。随身携带着亲密爱人的照片是很常见的事情，但如果是面部以外的部位，就有些怪异了。比如是头发或指甲的照片的话，肯定会很别扭吧。

所以可以认为只有脸才是身体最特别的部分。脸是表明一个人的标识，是一点儿也不许被别人借用的。虽说一个人的脸是属于个人的，但也可以说是属于和这个人有关系的所有人的。作为佐证，电视和杂志上出现的偶像明星们会主动提供他们的容貌相片，让更多不认识他们的人知道。

名字虽然也是表现自身的要素之一，但脸可以说是名字的一种真实描绘。如果只看名字的话会有一种乏味枯燥、很难想象的感觉，但是只要看到一个人的脸，感觉一下子就能掌握这个人的气场、印象以及性格。

　　正因为每个人都会有这样的感觉，所以才有了给人看面相算命这种事情。看面相可以追溯到古希腊的亚里士多德（前384—前322）的时代和中国的汉代（前206—公元220）。在亚里士多德的著述中写道，牛比较柔和悠闲，野猪有激情，而蛇阴险狡猾。他把动物的形态和人类的性格相结合起来，形成欧洲面相判断观相学的理论基础。

　　14世纪开始的文艺复兴时期，出现了很多把动物的样貌和人的性格相关联的著书。到了19世纪，骨相学开始盛行起来（见图4-1）。这个是由一个叫加尔的维也纳医师发明的，按现在的说法，类似于通过人的头盖骨来进行侧写分析，比如经常用脑的人有额头会变得很宽大等特点。通过头盖骨的形状来推测一个人的性格，在社交界的聚会上曾经很流行。

　　当然，从现代科学的角度来讲，这是很难以置信的事情，但被同时期的被称为犯罪学家始祖的意大利人龙勃罗梭加以承传。龙勃罗梭通过比较士兵和罪犯的容貌，认为身体有缺陷的人容易犯罪。还有，多次犯罪的人容貌和智力更接近于类人猿，有祖先返还的征兆。

　　通过脸来推断人物性格看上去虽然很有意思，但和犯罪联系起来就是比较危险的想法了。除骨相学外，当时还很流行主张留下优秀后代的"优生学"。由于同样主张个人与个人、种族与种族之间生而不同，存在优劣之分，因而这两种学说均被视为危险的思想，不为当今社会所接受。

　　然而更加温和的人相学现在还是被大众所接受的，其中包括法国人科尔曼的相貌心理学。他作为儿科医生，有很多和患者见面的机会，从中总结出了人的本性、性格与人脸的关联。

长着胖嘟嘟的婴儿脸的人，性格开朗善于交际，同时也具有很容易被周边环境所影响的性格。相反，瘦脸的人不易被外部影响，具有比较内向的性格。像这样的胖脸和瘦脸并不能单纯地确定人的性格，但如果加上眼睛、鼻子、嘴的特征，便可以详细地对人的性格加以分类。比如，鼻子越大的越感性，下巴大的人更加直率，眼、鼻、口，被认为分别对应着人的智慧、感情和本能。

怎么样？当然这些说法并没有科学依据，但也不能说是不着边际，不是吗？

照片中的脸是什么样的

像人脸判定那样通过一个人的脸来判断性格虽然并不是很现实，但是通过脸产生对一个人的印象是很普通的事情。拍集体照片的时候，我们很在意自己的脸照得好不好。具有纪念意义的毕业照里如果是自己不满意的表情，会感觉非常的遗憾。

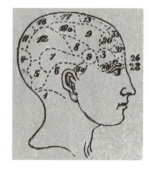
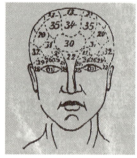

图 4-1　骨相学

骨相学通过头盖骨的形状来判断人的性格和天赋在 19 世纪时很流行，到今天还有遗留物存在。只不过只有脑的各种机能分散在脑的不同部分这个观点，被脑科学的"脑机能局部论"所继承。■

不管是谁，多少都会有一点希望自己的照片看上去好点儿的想法。比如看上去多少年轻一点儿，或者年轻人看上去和自己的年龄相仿，看上去更可爱点儿，更认真点儿……每个人都有各自的愿望。

照片和实际的差别，有时会产生超乎想象的印象差。研究表明，即使同一个人，也会因拍摄方法的不同而魅力绽放。请看图 4-2 的图片，这是英国的面孔研究者巴顿教授研究室里的一个实验。两组照片是同一个人，但是照相的方法不同，人的魅力也完全不同。对于初次见面的人，照片中的样子对第一印象有很大的决定作用。拍照片时每个人所做的努力也是因人而异的。有的人尽可能配合镜头摆出最好的表情，也有的人不管哪张合影都是一样的表情。还有人偷偷地躲在别人后面，或者把脸尽量往后拉，努力让脸看上去更小一点。也有计算好了时间把眼睛睁大的，收下巴的人，还有比较在意自己的脸哪边更好看，摆什么样的姿势更好看，每次照相都保持同样姿势的人。总之有各种各样的拍照技巧。

a)

b)

图 4-2　左边和右边哪个女性更有魅力呢

大多数的人都认为图 4-2a 的照片是左边，图 4-2b 的照片是右边，但实际是同一位女性的不同照片而已。照相的方法不同，魅力也会完全不同。■

人在拍摄具备自己名片作用的证件照的时候难免会很紧张。身份证、护照之类的照片，拍一次就要用很多年，所以拍的照片自己不满意的话，心情肯定不好的。

职场上使用的照片，在街角的机器上简单拍了了事的人还是很少吧。对拍照赋予寓意也是很重要的，所以有些知名的照相馆打出了"合格率90%"的宣传标语。这样的照相馆很讲究照明的方法、摄影时摆的姿势、化妆的方法、表情的展示等，这些都有专业人士的指导。还会结合人的职业进行指导，不同的店都有自己擅长的职业种类。听说有的店从传统的公职人员到航空、媒体等行业都可以应对自如。

职业摄影师的技术是展现在很多方面的。曾经听专长拍摄人物的摄影师说过，拍出更好照片的诀窍是能和被拍的人进行有效的交流。让被拍照的人放轻松，把握这个人的最大魅力所在，设法引导出这个人最有魅力的表情才是最关键的。

所谓专业，并不只是摄影技术高超，而是能引导出被拍照人更好的表情。结果就是能拍出人的魅力和好印象。

听了拍照方的话，被拍摄方的技巧是什么，应该也能明白了吧。很僵硬、无表情的脸肯定是不行的。本身无表情就不是一个人真正的脸（这点将在下一章中详细叙述）。比如静静地坐着让人画自己的画像，那个画师也一定很难办吧。即使画肖像画，也需要和模特一边交流一边画，这是很自然的。如果让人看不出画的是自己的脸，那也称不上肖像画。照相也是如此，放轻松表现出自己是很重要的事情。

放松虽然也有作用，但有研究称，被拍照的面孔的魅力会因拍摄者而不同。女性摄影师拍摄女性的脸要比男性摄影师拍摄的更加有魅力而被好评。所以被拍照片也是很有技巧的事情。

根据通缉犯的照片能抓到犯人吗

这个也是之前介绍过的英国的巴顿教授等人的研究。请看图 4-3。这是以英国人为对象，展示了实际上现在很有人气的有钱人的照片。如果使用电脑的话，大家也可以做简单模仿实验。

这张图片看起来有很多人的照片组成的，但实际上是几个人的照片呢。

实际上答案是只有两个人。但是实验的回答平均是 5～7 人。其实如果都是认识的人的话，可以确保把两个人分辨出来，但对于没见过面的人，想分辨就非常困难了。

因为这是大家也很容易模仿的一个实验，所以我把实验的做成方法稍微详细地说明一下。

图 4-3 照片里的男性，到底有几个人呢

因为同一个人的不同照片也混淆在一起，不能计算在内，所以人数应该很少。因为是从来没有见过的外国人，这个问题还是相当难的。答案请在文章中找。■

先挑选和被试验者同国的、大众都知道的、有名的、同年龄段的女歌手或者女演员两人，再同样选其他国家的两个人，别国的两人选那些不是耳熟能详的名字很关键。比如英国人的话就选德国人；德国人的话，对于被实验的英国人来说是完全不认识且没见过的；在日本实验的话，就选和日本人相似的黑头发黑眼睛的，在本国很有名但在日本接触不到的中国明星就行了。

日本和外国的名人各两人分别进行画像检索，选择各自前20枚照片打印出来。这个实验分成日本名人和外国名人两组进行。两个人的照片各20枚，总共40枚混合排列在一起，对认为是同一个人的照片进行分组归类。比如认为是两个人的话就分成两组，觉得是5个人的话就按照脸分成五组。看一下分组的结果，对于自己熟知的本国的名人可以很容易地分成两组，而不认识的外国名人大多分成了7人。

结果怎么样？果然头次见面的人，通过照片来分辨脸的话还是比较有难度的。初次见面的对方的脸，会根据照片拍摄方式的不同而使第一印象也变得不同。这样的话，照片上的脸究竟有多少可以相信，值得我们发出疑问。看了相亲的照片和对方见面，或者看了证件照后和对方见面，实际的印象和当初的感觉多少都会有差异，这不也是比较常见的事情嘛。

最著名的是，用指名通缉犯的照片作为线索来追捕搜索中的逃犯。通过在街角贴着的通缉犯的海报来发现素未谋面的犯人是非常难的技术。

这个要是反过来的话，就很简单了。从照片中找出认识的人，这谁都可以做到。与不认识的脸完全不同，对于认识的脸，我们可以在各种情况和环境下将其认出。所以即使随着时间流逝，人的相貌多少变化一些，发型变了，我们也不会认错了人。

实际上，被通报指名的通缉犯，大多是被认识的邻居看到通缉照片后举报的。也就是说，如果出现了在人山人海中发现素不相识的通缉犯并将其举报的这种事，肯定会因为其稀有性而被电视新闻报道。但事实是，除非罪犯的潜伏地点固定，否则几乎很难做到。

不过，把这种冷门事情作为职业的人是有的。那就是专门搜查逃犯的职业搜查员，他们被称为"街头搜查员"。这是把数十个罪犯的脸从头到尾灌输到脑袋里，在街头巷尾寻找其踪迹的工作。当然这种事一般很难做到，需要相当的努力才能记住。需要尽可能收集更多的照片，利用搜查记录在大脑中描画出犯人的特征，基于犯人的性格和动机，把他们想象成自己身边的人。通过想象力，把没有见过的、完全未知的人和认识的人拉到同一平台，付出很大努力和精力来进行锻炼，是非常超乎想象的事情。

不过现在，监视摄像头录下的罪犯的动态影像，会在电视上播放。罪犯具有特征的走路方式和姿态，成为判断人物的重要线索，完全不认识的人也变得容易在头脑中想象。一个人的动作会准确反映出自身的习惯。下一章将讲述表示动作的表情。

修正了的照片也是"我的脸"吗

现如今对照片进行编辑是很普通的事情了。谁都变得可以用电脑进行简单的图像处理，还可以用更加简单方便的智能手机。总之，对照片进行编辑已经变得门槛很低了。

在登上杂志的艺人中，有些人总是以同一风格的面容登场。听说，即使是上不同的杂志，艺人所属的事务所也不会将照片拍摄委托给各杂志出版社，而是由自己主导，将拍好的照片做统一修正。仿佛照片修正就是发型和妆容造型的一部分。要是在以前，这算是比较惊奇的事情，不过现如今，大家并没有觉得怪异，而变得都可以接受。

街角上有一些拍证件照的机器上写着"美肤修正"

的广告标语。让皮肤看起来更好看一些,这已经变成很普通的功能了吧。

人们渐渐不介意对照片的修正,大概也有大头贴的影响。在日本,印刷大头贴的机器被称为"打印俱乐部",但"打印俱乐部"其实是一家特定公司的产品名称,更为普遍的叫法是"印刷贴纸机"。印刷贴纸机诞生于1995年,在2000年迎来了第一次流行。现在以那个时期对大头贴比较亲切的人群为对象,正在扩展新的产品。不仅仅是年轻层,面向中老年的商品也在开发之中。

刚开始出现大头贴时,朋友之间仅仅是将其作为纪念拍照,渐渐地,照片的修正功能多起来了(见图4-4)。最基本的是美化皮肤的纹理,还有让人看起来瘦一些、脸小一些,再有就是,让眼睛看起来很大也是一大特点。这种对眼睛大小的修正据说很流行,一时间大家的眼睛都变得又大又有神,但是过于极端了,反而现在收敛一些的修正成为主流。

图4-4 你喜欢哪边的脸呢
在印刷贴纸机上拍摄的容颜,左边是修正前的,右边是修正后的。通过修正让眼睛看起来更大、皮肤更美白。(图片提供:FuRyu 株式会社,印刷贴纸机 IP3)■

这里产生了根本性的疑问。大头贴到底能不能算是一个人真正的脸呢？比如，被卷入犯罪事件的受害者的照片是大头贴的情形，如果照片不能反映出受害人的真实面孔，那么就会给人一种空洞、不真切的印象。特别是把眼睛修得又大又斜的大头贴，感觉已经可以掩盖那个人自身的人格了。

听说有想把大头贴发展到欧美的想法，但是欧美人很难接受肌肤补正以外的修正。理由是变得不像自己了。对自己容貌的要求，不同国家是有一定文化差异的，说到底大头贴是什么时候作为本人的照片被容忍的呢？特别是大得出奇的眼睛，即使是习惯了大头贴的日本人也会有不适感。只是在朋友之间还是可以的，但是把它公之于众的话，还是会犹豫不决吧。另外，现在对提交给公司和学校的证明照进行修正也很普通了，可以说搞不清真正的脸是什么样了（就在最近，听说修正太过分的照片被认作"欺诈照片"而引起了人们的自律）。

转念一想，自己的脸到底是什么？即使是接受不了大头贴的欧美人，化妆也是很普通的事情，通过整容改变自己的脸也被大众所接受。整容和化妆就可以，照片的修正就不行，对日本人来说会感到不可思议。或许由于日本是动画和漫画的先进国，比任何国家对数码环境更容易容忍吧。所以把数码加工过的脸作为自己的脸或许不会有过多抵触。

脸的加工：整容和牙科矫正

说完对脸的照片的加工之后，我们再思考一下对脸的加工。这就是和数码修正相比较，更具基本修正性的整容手术和牙科矫正。

说起整容，感觉国外要更先进一些。特别是邻近的韩国，美容整形很便宜，门槛也很低，大学的毕业典礼时可以整个形，上年纪的男性政治家也可以整个形，能听到各种各样这方面的例子。根据日本美容外科学会的调查结果，韩国在整形手术次数上位于美国、巴西、中国之后，和日本并列；按人口平均的话，希腊、意大利和韩国排在世界前列。这样一比较，日本和韩国也许可以说没有特别大的差别。

日本人对于整容，心理上的抵触感还是比较大的。对从父母处得来的身体动刀的抵触，再加上保持自然就挺好的想法，这两者混合作用在一起。另外，韩国有强烈的应试竞争和就职竞争，这是出了名的，因此可以推测，通过自己的努力来改变与生俱来的命运是被社会所认可的。

不管怎样，对自己的脸不满意并下决心改变，这绝对是要自己做出决定的。不过这里有需要注意的一点，那便是本书开头既已说明的事实：人无法正确认识自己的脸。在镜中映射的左右反转的脸，会产生出不同的印象。再有，像以前说明过的一样，仅仅一张脸的照片，也未必能正确反映出一个人来。

脸的照片依拍摄环境不同的而变化，是非常模糊的事物。依靠摄影师的技术可以拍得更有魅力，同时也可以拍得魅力全无。这样的话，可以说几乎是没有自己能完全正确地判断自己的脸的方法。

因此，通过自己一时的心情或判断来改变自己的脸是十分危险的。当然，实际上整容的时候，在同医生商量的同时，重新审视自己的脸这个过程不用说也是很重要的。这个审视过程不够的话，会陷入最坏的事态，就是一次又一次地进行整容。

这里有个根本的疑问。修正脸的手段，仅仅是美容整形吗？

让我们再来看一下脸的基本构造。支持我们的脸的是下巴。而原始生物的脸上，只有用来吃食物的嘴。伴随着进化，接收各种各样感觉的眼睛、鼻子等器官聚集在一起，逐渐形成了人脸这样的姿态。

用来把食物嚼碎而形成的下巴和脸上的其他器官相比不同，下巴是由粗大而坚硬的骨头形成的。由于矫正了排列在下巴之上的牙齿，作为基础的下巴的印象发生了变化，脸的印象随之也会发生很大变化。有人说，日本整过容的艺人当中，其实没有整容而只是矫正了牙齿的情况也是有的。顺便说一下，牙科医生不光可以矫正牙齿，而且有各种方法可以改变我们的脸。

皮肤中展现出的健康和魅力

还有，构筑起我们脸部印象的，不仅是作为脸部基础的骨骼，填满了脸的细腻脂肪和肌肉也起到很大的作用。年轻人对此可能不怎么关心，但世间随处可见的美容相关商品中，大多有改善皮肤松弛、祛皱除斑的作用。

有没有见过妈妈在镜子前确认眼角或嘴角的样子呢？仔细观察的话，就会明白皱纹是由构筑脸部肌肉的间隙形成的。人因脸的形状不同，肌肉的使用习惯不同，皱纹的形成方式也会变化。在额头、眉间、眼睛旁边形成的，鼻子下面形成的，在嘴旁边像木偶剧里的木偶似的，各种各样的皱纹都有自己名字。像皱纹和斑之类的，通过美容整形来祛除才具有更好的效果。

在互联网或娱乐节目上曾经风靡的话题之一，就是关于哪个好莱坞明星有整容的嫌疑。西方人和日本人相比，面容的变化更加明显而且快速。就在前一阵还光芒四射的明星，因为吸毒或不健康的生活方式，一转眼就变成了颓废的样子，真的让人很吃惊。

不健康的生活方式会让脸的老化加速。英国有个专门研究脸部魅力的教授叫佩雷特，他尝试了有关脸的日积月累变化的各种实验。其中，过着健康生活的人和一直抽烟的人，我们可以看到展示其各自的脸是如何变化的合成图片。与过着健康生活的人 20 年后的容颜相比，每天吸烟的人，其脸的老化程度之大，皱纹之多，让我们目瞪口呆。香烟中的化学物质会破坏维生素 C，结果会阻碍维持皮肤弹性的胶原蛋白的生成。脸的张弛和弹性的丧失可以说是脸失去魅力的最大原因。

那么，不健康的脸为什么会被厌恶呢？佩雷特教授也在调查有关健康的肤色会产生魅力，以及魅力和健康之间的关系。根据调查，生物具有对不健康的个体进行排斥的性质。还有，为了让自己的后代具有健康的遗传基因而在生存竞争中取胜，尽力选择健康的异性作为配偶，这些都是由遗传基因来进行操作。但人类并非和动物们完全一样，喜好健康的、美的特性，只要看一下电视广告中的演员们就能理解了。

因此说脸的魅力所在可以是健康而又生机勃勃的。不用刻意对脸进行加工，仅仅是年轻的肌肤就足够有魅力了。

其实和其他身体部分相比，脸在很小的面积中罗列着眼鼻口，即使整容，范围也是非常小的。把这个小面积的脸有效果地装扮起来的方法是有的。那就是化妆。

通过化妆来改变？

接着皮肤决定魅力的讨论说，化妆也是让皮肤美丽的重要一点。从古时的飞鸟时代[一]开始就有了化妆粉，白色的化妆粉和红色的口红被认为是古代日本人化妆的象征。而在现代，亚洲人很拘泥于美白，相反，欧美人认为被晒黑的皮肤才是作为优雅度过长假的证据而被人们尊重。从健康可以作为魅力的观点来说，被晒黑的皮肤要更有优势一些。

由于美白，人们变得注重表现自然、健康的肤色。

[一] 飞鸟时代，日本古代的一个历史时期，约始于公元 593 年，止于迁都平城京的 710 年，上承古坟时代，下启奈良时代。——译者注

像平安时代㊀贵族的化妆那样，雪白的能面具似的脸的话会让人感到恐怖。而现在，通过粉底可以让皮肤更亮、更透明了。涂上粉底，皮肤就有了透明感，这让人觉得不可思议，其实是通过让光很好地扩散，掩盖住雀斑和青春痘的同时引导出肌肤的透明感。作为小道具，腮红也被人们使用。把脸颊涂红不仅让人看上去很健康，脸颊的红色可以更衬托出肌肤的透明感。和腮红同样的口红也是让嘴唇的血色看起来更好，表现得更健康。

化妆是对脸施以各种各样的巧妙方法，便可以更轻松惬意地改变自己的容颜。轻松，是不是会被认为不会有什么效果？但是实际上，即使是作为脸的基石的眼鼻口的配置，也可以通过化妆来塑造。那就是利用错位视觉。

被利用最多的是眉毛。因为眉毛起到了支撑眼部轮廓的作用，仅仅改变眉毛的形状和位置，就可以起到改变眼睛形状和大小的视觉效果（见图4-5）。

㊀ 平安时代，日本古代的一个历史时期。从794年桓武天皇将首都从奈良移到平安京开始，到1192年源赖朝建立镰仓幕府止。——译者注

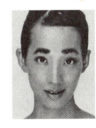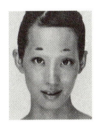

图4-5 眉毛的效果

只是改变一下眉毛的倾斜和位置，眼睛的形状和大小，以及脸的各感官的配置都会看上去不同。■

曾经有罪犯在犯罪逃跑过程中整了容这样的事情成为人们讨论的话题。他被逮捕时的样貌让人大吃一惊，在整容之前，他自己把眉毛剃了，伪装之后脸的变化也是出人意料。他把眉毛剃成了吊脚形，随之眼睛也看起来变成了吊脚眼。变化之大不说胜过整容至少也不输。

实际上，在做美容整形外科手术时，谁都没有意识到他就是逃犯，很神奇吧。听说也有仅仅改变一下眉毛，就可以模仿很多有名艺人的表演，眉毛是可以让样貌神奇变化的最棒的素材。而且不光是眉毛，在其周边的眼镜、眼镜框架，都有让眼睛看起来更大的效果。据说和眼睛有相同弧度的镜框效果更佳。此外，黑色镜框要比灰色镜框效果更佳。

我们在第3章中也曾经说过，因为人们更注意眼睛，所以在眼睛周边下功夫来改变印象是最有效果的。因为备受注目，所以只是微小的变化也会使人很敏感，化妆的效果也会倍增。

能让看的一方敏感地感受到，是化妆应达到的基本效果。正因为人们会对此敏感，所以会因错觉而被骗的效果就越大。实际上，眉毛和眼妆都利用了错觉，而且效果非常大。实验已经证明，即使不整形就靠眼妆，也可以使眼睛看起来很大。在化妆品的宣传广告中也使用了这个心理学实验所得到的数据。

比如用眼影可以让眼睛增大 10%，把眼线涂浓可以增大 5%，涂眼睫毛的话可以增大 6%。其实为了避免变得跟大头贴一样，眼睛并不是显得越大越好的。从实验中得到的结果显示，眼睛大概增大 7% 是最有魅力的。

修饰眼睛周围的化妆方法有很多种，而眼妆最早可以从古埃及的克利奥帕特拉七世（埃及艳后）浓郁清晰的眼线中看到。这种眼线也有除魔的作用吧，浓郁的眼影和眼线使眼睛看起来更加有力有神。

还有一个对平坦脸庞的亚洲人来说的好消息，化妆也可以增加脸的立体感。用暗色来容纳阴影，亮色来强调明亮，就可以衬托出立体感来。就如同绘画中突出立体感一样，比如在鼻子的两侧加入阴影，就可以在视觉上改变鼻子的形状和高度。

因为存在视差，化妆有一个最佳效果距离。让人意外的是，眼睛的视差是离得稍微远一些（5米）的效果要比近距离（60厘米）的好。而且从有关魅力方面的研究得出结论，从远距离看和从近距离看，判断魅力的标准是不同。从100米之遥的距离看仅仅只能判断出发型，50米的话可以看到嘴唇，特别是下嘴唇的颜色很明显。为了塑造出更好的印象，更有效果地使用化妆技术看起来是非常重要的。

想变成什么样的脸？想给别人看什么样的脸

通过相片和化妆等来塑造脸的话题持续下去的话，我们会渐渐不明白自己真正的脸了。这里问一个问题。要是可以改变自己的脸的话，你想变成什么样的脸呢？是像偶像明星那样的可爱的脸，还是更成熟有大人范儿的脸呢？

观察一下的话，就会明白脸的魅力是有着各种各样类型的。有时女性杂志会刊登被认为很理想的脸，但是恐怕并不能说是完美的脸。在最后一章中我们也会讲到，各种各样的脸都会有其优点和缺点。一般所谓的有魅力的脸，会有人喜欢也会有人讨厌。而真正完美的脸，一定是人见人爱的，没有人会不喜欢。但是这种完美的脸，却并不适合影视艺人。

请试着回想一下当红艺人的脸。不管是哪个部位，是不是多少都有一些特征。五官标致的大众脸，也会因毫无特色而难以被人记住。在人才济济的演艺界，让自己被别人记住是最优先的任务，如果长相毫无特色，将很难在这个行业生存下去。多少有些特点的脸更容易被记住，这对于在演艺圈里发展也比较有利。

如果觉得演艺界的例子比较极端的话，其实在普通的生活当中，这样的情况也是会发生的。如果你自身个性中没有吸引人的地方，也很难被周围的人所记住吧。

接下来再问一个问题。即使这个世界上不存在完美的脸，但如果你的脸变成了你想要的那样，你还能像原来那样继续生活下去吗？脸和内心完全脱离，能像面具那样随意改变吗？

比如变成了某张脸，就会按照那张脸而被期望，必须做符合那张脸的事情。这是社会的固定观念。那样的话，有着美丽容貌的人，就可以过美好生活了吗？俊男靓女是不是很吃香呢？

像之前说过的一样，社会心理学的研究表明，俊男靓女被"好人"这种先入观念所折磨。

就是说，即使做好事也被认为是理所当然，反而稍微做了一点儿不好的事，就会被认为很坏。即使和别人做同样的事，自身的评价也会降低。

脸庞、容貌，谁都会为之而烦恼。特别是青春期时会很强烈，这可能跟青春期特有的身心变化有关系。在身心极速成长过程中，在探寻自我中挣扎的青春期，人们有的时候会失去自我。

这个时期的混乱，在父母这边也会有。头一次在眼前看到孩子的极速成长，父母的困惑也很大。当事者和周边的人在接受成长这件事上是有隔阂的。孩子自己认为已经成大了，但父母还会觉得他是个孩子，甚至可以说，做父母的接受时间要更长一些。

对于青春期的孩子来说，周围人的认知与自身成长意识间的差异，是一种苦恼。当他们想要改变自己的形象时，和脸相比，更容易改变的是体重。想要塑造体型而减肥的女性有很多会选择跑步。想要变得更漂亮，变成像模特一样的体型，这种愿望是很普遍的，在有了面向小学生的时尚杂志之后，这种愿意也变得更低龄化。另外，不想变成大人，不想变成熟的愿望也变得极端，拒绝变成丰满女性所应有的身体而绝食，这种事也是有的。

当然，在了解自己的情况下减肥是没有问题的。但是途中渐渐不清楚自己的状态，就会过分限制自己的体重。比如瘦到极端的手或腿，仅仅30千克的体重被认为是理想的，最后瘦到皮包骨头，有人甚至到了不在医院输入工营养液就有生命危险的境地。这种被称为"青春期消瘦症"的病症，还有可能因无法治愈而死亡的危险。

研究者以患病的少女为对象，记录她们分别看自己和别人的脸时的大脑活动数据。实验的结果是：一般人看到自己的脸时脑活动度高而看别人的脸时活动度低，而患病少女们看别人的脸时脑活动度也很高。可以看出这些少女对周围的关心程度很高。

在青春期的极速成长中，人们有时对自己的理解会发生扭曲，这并不是稀奇的事。那么，我们应该注意些什么呢？

首先，对于自己不能看到的自己的姿态，所以尽可能努力客观地去了解自己，这是必要的。因此需要走到社会中去。即使不是在学校，通过和朋友或社交活动也完全可以实现。其次，自己的脸因为只能通过别人的眼睛来看，所以和别人保持联系是必需的。为了能变成自己心中向往的脸，通过和别人的交流来了解自己的脸，在社会中学会生活，努力搭建更好的人际关系是很必要的。

第 5 章
展现魅力表情

约翰内斯·维米尔《戴珍珠耳环的少女》(约 1665 年)

自分の顔が好きですか

如果无法展现表情

继续上一章中的魅力话题,为脸部魅力做贡献的,正是遍布脸部的肌肉。肌肉的存在,让我们得以展现表情。上一章我们谈到了照片中的自己看起来不像自己的话题,其主要理由便是肌肉的功能。

在此提个要求:请在脑中回想亲近之人的脸。

你想到的是什么样的脸呢?

朋友的笑脸?老师生气发怒的脸?……你想到的都是带着各种表情的脸吧。反过来讲,回忆出毫无表情的脸,恐怕比较困难。

也就是说,我们在记忆亲近之人的脸时,是伴随着对方表情的。张嘴开心大笑的朋友、总是羞涩微笑的朋友,我们记住的是每个朋友最常展现的表情。

表情能鲜明地表现出一个人的秉性。一个人的脸,便是这个人经常展现的表情。

大家可曾因看到平常精力充沛、精神饱满的朋友突然变得茫然、无表情而觉得其印象完全不同并为之震惊？无表情的脸，会给人以魅力与个性均被削弱的印象。脸的关键不在长相，而在表情。展现表情的面部肌肉的运动，对此做出了重大贡献。

如果无法展现表情，人生将会怎样呢？事实上，真的存在无法展现表情的疾病。

无法使展现表情的肌肉运动起来的面瘫，便是一种在我们身边也可见到的疾病。也曾有艺人因压力而引发面瘫，造成轰动。大家应该听说过这种病吧？

面瘫分许多种类，有的容易治疗，有的则无法治愈。其实，我也曾患上过被称作耳带状疱疹的面瘫。引发水痘的病毒因压力而复发，一般会发展为水痘－带状疱疹，但如果其恰好在面部神经附近活动，则会发展为面瘫。虽然我的面瘫痊愈，但面瘫当时，有着其他疾病所不曾有的独特痛苦。

由于面瘫时多是脸部一侧肌肉产生麻痹，因此我自己感觉不到在表达表情上有什么困难。相较之下，我更觉得嘴的张闭不听使唤，无法自由地说话，以及吃饭的时候感到不便。但这仅是我自己的体会，周围人的印象与我是不同的。我自己毫无觉察，但对家人来讲，表情极少的脸似乎给我造成了很大的痛苦。

周围人所感受到的不协调感是失去表情时的最大问题。

表情是交流的原点

仅仅失去表情，便能让当事人所处的环境发生翻天覆地的变化，这究竟是为什么呢？

我们都知道，因大脑障碍导致运动功能低下，以致无法很好地维持姿势和调节运动速度的帕金森综合征患者，其面部表情也会变得匮乏。帕金森综合征与阿尔茨海默病均是老年人较容易患的疾病。大家或许也曾听说过。

帕金森综合征一旦病情加重，患者只能在床上或轮椅上接受护理。身体无法活动，对患者来讲无异于晴天霹雳，对家属来讲也是极大的负担。但相比之下，患者本人变得没有表情这一点，似乎是横在护理患者的家属面前的一道更大的障碍。

当然，帕金森综合征患者可以有意识地去表达表情，但瞬间产生的无意识表情是无法做出了。或许大家觉得，能有意识地表达表情也就足够了，但实际上并非如此。无意识表情的消失所带来的苦恼是不可估量的。

例如，与朋友不经意地聊天时，很少有人会不顾周围的氛围，我行我素地喋喋不休吧。愉快聊天的背后，存在着微妙表情的相互交涉。人们会通过观察对方的微妙表情来判断目前的话题不再适合继续，或是话题十分有趣，可以继续下去。如果在对方脸上看不到任何表情的变化，那么聊天就很难持续下去。

听到有趣的话题时情不自禁地笑出声来，听到不悦的话题时不由自主地摆出一张不高兴的脸……这些表情均是毫无意图地自发而生，是交流顺利进行的必要条件。正是因为表情反应的存在，我们才能与他人谐调地交流。一旦失去表情，人生将变得索然无味。

对护理帕金森综合征患者的人来讲，无法像往常那样聊天是一件无比痛苦之事。对患者本人来讲，不仅自己无法表达表情，就连识别他人表情的能力也会变得迟钝。因为一旦自己无法表达表情，便会变得难以想象带有情感的面孔。

曾有患者注意观察过自己丧失表情后周围人的反应。这位患者曾因面瘫导致无法控制面部肌肉。

周围人绝非有恶意，但面对缺乏表情的人，只会询问可用"是"或"否"来回答的简单问题，而不会询问可拓展、延伸为聊天的问题。这样一来，即使他本人很想聊天，也无法实现。

说起来，面无表情并非单单没有表情，而且会酝酿出消极的氛围。即使患者本人不觉得自己的脸很僵硬，但仍会给周围的人以"焦躁、不开心"的印象。不仅如此，甚至会给人以"我对你没兴趣"或者"我这人迟钝又无趣"的感觉。面无表情似乎会让人丧失魅力，最终变得难以接近。

如果周围的人有此印象，那么患者本人就会陷入对周围失去兴趣的恶性循环。进而自我封闭，过起远离脸、远离他人的生活。

但是，当面瘫消失、表情恢复后，所有这些情况都会消散。对一切事物的兴趣、热情也会随之恢复。

由此可见，无法表达表情是多么的痛苦。这也是为什么拥有表情是建立人际关系的必要条件。那么，如果生来就无法表达表情，人生将会怎样呢？有一种叫 Moebius 综合征的病症，患者从出生时，脸部两侧肌肉既已麻痹。

就像前面提到的面瘫一样，Moebius 综合征的患者也会出现逐渐与周围疏远、变忧郁的情况。但因为生来就无法表达表情，所以面临着比面瘫患者更大的障碍。他们无法控制激动的情绪，这又是为什么呢？

表情与情感紧密相连

表情对心中情绪的发育起着重要作用。

让我们来回忆一下自己的感情是如何发育的。你小时候有过癫痫或是哭着闹着要想要的东西的经历吗？

2 岁以前的婴儿总是爱哭。从 2 岁起，婴儿开始萌生自我意识，并任性地宣泄自己的情感。一旦有不顺心的事，便会引发癫痫，或是哭着闹着要想要的东西。这一时期也被称为第一反抗期。他们任性的情感爆发会受到周围耐心的教育，进而变得逐渐能控制自己的情感。即使事与愿违，也能做到忍耐；不会在人前说任性的话；尤其会控制消极的情绪等。这些均是为了与朋友及兄弟姐妹友好相处，从学校或家庭中学习到的。

平常地度过的这一时期，如果没有机会通过表情释放自己的情感，将会怎样呢？当然，不会表达情感，并不意味着没有情感。情感会正常涌起，但苦于无法表达，因此无法让周围的大人意识到，结果会导致失去接受感情控制能力训练的机会。如果儿童未曾接受这种训练，长大成人后很可能无法自己控制消极的情绪，鲁莽从事。

此外，在平常生活中，我们会通过观察对方无意识地做出的表情变化来揣测对方的感受，避免相互之间产生矛盾。如果未曾体验这种微小的情感碰撞，便无法应对自身感情的微小变化。不仅对消极情感、即使对积极情感的孕育来讲，情感体验也是不可或缺的。这就好比如果不通过做出大笑的表情来强化情感，便不能体验这种情感。

有一种实验，可用笔或筷子来体验表情与情感的直接联系。

请试着将笔或筷子横着含在嘴里。含住后，嘴角将上扬，表达微笑表情的肌肉——颧大肌将活动起来。有研究称，仅这一个动作，便能改变一个人的心情。也就是说，即使原本内心并无任何情感，仅仅通过活动肌肉，

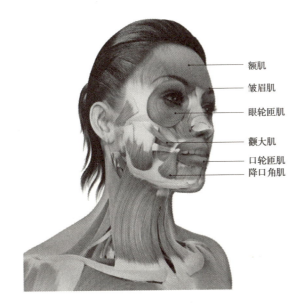

图 5-1　表达表情的面部肌肉
微笑时，颧大肌将活动；表达消极表情时，皱眉肌将活动。■

就能使情感涌动起来。颧大肌用于表达积极的表情和情感。另外，皱眉时活动的皱眉肌则用于表达消极的情感，通过使皱眉肌紧张，产生出消极的情感。

如果觉得人际关系不顺利，或许有必要注意一下自己的脸部表情。

表达魅力表情的必要条件

我们谈到，如果没有表情，脸的魅力将丧失殆尽。这是为什么呢？

表情之中尤为重要的是笑脸。人山人海中，笑脸最容易映入眼帘，也最容易被记住。

这一现象与大脑活动息息相关。因为，对大脑来讲，笑脸是一种"报酬"。正如我们在第 2 章中提到的那样，在记忆带着笑容的面孔和名字时，眶额皮层（位于额叶中，获取金钱报酬时会变得活跃）将与掌管记忆的海马体一并起作用（参照图 2-1）。

将笑脸视作报酬或许可以说是人类最大的特征。我们教狗或海豚等动物杂技时，给予的报酬是食物，而人类是截然不同的。当然，人类也有让他人以美食来奖励自己的时候。但此时，比起美食本身，希望获得周围人的称赞才是我们真正的目的所在。获得老师、父母称赞是最佳的奖励（报酬），笑脸便是这种奖励的延伸，被称为"社会性的报酬"。在电车上给素不相识的人让座，或是为人指路时，我们会感到喜悦。此时，对方的笑脸对我们来讲同样是一种奖励。

那么，笑脸的反面是什么呢？生气时的怒脸与笑脸一样，能迅速被认出。如果在茫茫人海中发现了怒脸，我们通常会将其视为危险人物，避免靠近。对生存来讲，记住必须避开的危险人物极为重要。

从更为现实的角度来看，对于家附近的行为可疑者、借钱不还的朋友等需要提高警惕之人，为了将来不蒙受损失，我们必须将他们的脸记在头脑中。因此，没有信任感的脸很容易被记住。但此时大脑的记忆构造与记忆笑脸时不同，被称为岛叶皮质的大脑部分将和主管记忆的海马体一起相互作用（见图2-5）。而岛叶皮质所主管的，是有关脸或人物的消极信息处理，遭受社会性、精神性伤害的情感处理，以及惩罚处理。也就是说，大脑会活跃起来，以避免遭受损失。

脸是身体的一部分，但又不仅是身体的一部分，它是连接人与周围世界的桥梁。

文化不同，表情也各异吗

作为交流基础的表情，在社会生存中不可或缺。动物也可读取表情，群居动物也拥有表情。但动物并非以脸，而是以整个身体来表现情绪。

养狗的人应有所体会。狗叫时，毛会竖立，尾巴也会竖起，这是为了让身体显得更大，表达愤怒。与此相对，被驯服后的狗会将尾巴卷起，夹在腿间；有时还会翻身躺下，露出肚子。这是通过露出自己的薄弱部分来表达毫无攻击之意。所有这些表情，均被用于构筑狗类族群的社会关系。

对于喜欢并经常亲近猫狗的人来讲，或许能发现"笑"这一表情的起源。例如，喘着气伸出舌头的狗的嘴角会微微张开，这便是喜悦的表现。猫也同样，玩得起劲开始兴奋后，也会展现一样的表情。

起源于动物的表情表达，到了人类这里，便集中在脸上。表情是与生俱来的，是世界共通的。我们前往他国时，即使语言不通，也可通过手势等来实现交流。究其原因就在于情感表达是共通的。

悲伤时痛哭流泪，高兴时莞尔一笑……如果基本的喜怒哀乐无法通过表情来实现相互领会，那就麻烦了。

虽说如此，表情也存在文化差异。俗话说"入乡随俗",文化不同,人们的言行举止也会各异。如果入住外国家庭来体验海外生活,你应该就会感受到些许的差异。尤其是在欧美生活时,有人会因需要时刻扮演高扬的情绪而感到疲惫。必须将喜悦的情感积极表达出来,与素不相识之人擦肩而过时也需微笑寒暄……听闻有的留学生会因疲于应对这些习惯而受到文化冲击,进而变得闭门不出。

在应如何表达表情的规则上,欧美与日本大相径庭。在欧美,收到礼物、考试取得优秀成绩等时,需要夸张地表达自己的积极情绪。而在日本,则会尽量避免公开表达仅是自己获得了好处。日本人在意周围的眼光而避免夸大地表达喜悦情绪的行为,这在欧美有时甚至被视为可疑。这些不得不说是文化的差异。

在日本,曾有议员在媒体面前像婴儿似的号啕大哭,成为街头巷尾的话题。日本人对此持拒绝态度,认为一把年纪的成人在人前大哭是一件羞耻之事。与日本人相比,欧美人有更强烈地避免在人前表达消极情绪的倾向。同样的行为,如果是在欧美,会更显得不可思议吧。

不仅是言行举止,在观察对方表情时应关注脸的哪一部位,也会因文化不同而产生差异。就像之前提到的那样,读取对方表情时,欧美人关注的是整个脸,日本人关注的则是眼睛。

这或许源于双方表情表达方式的不同。总的来说,欧美人会有意识地夸张地表达表情。此时,嘴部的表情表达尤其明显。如果说欧美人是用嘴角大幅上扬来夸张地表达喜悦,那么日本人则是用眼睛来做出自然的微笑。

与欧美人相比,不会夸张地表达喜悦的日本人的表情,变化幅度更小。日本人关注眼睛,正是为了捕捉这小小的表情变化。让人惊讶的是,这种因文化不同所造成的看法差异,在人们未满 1 岁时就已经萌芽了。

文化的洗礼,在人们成长阶段的初期就已成立。有研究认为,遗传基因对此也有影响。欧美人与东亚人身上血清素转运体的含量不同,血清素转运体承担着搬运抑制攻击的神经传递素——血清素的功能。血清素转运体的遗传多态性分为极少的 SS 型、较少的 S 型以及较多的 LL 型。日本人中这三种类型的具体比例为 63%、31% 和 6%。相比之下，美国人的比例则为 19%、49% 和 32%（见图 5-2）。也就是说，在日本人中，血清素转运体的遗传多态性极少的人居多。相反，在美国人中，血清素转运体的遗传多态性较多的人居多。

血清运转体量少、不安感强烈的类型，可以说是日本人的特征。这一类型的人容易抑郁，被视作可引发社会不稳定等的危险因素。但他们做出冲动行为或违反社会规范行为的可能性很低。

或许谁都有过在钢琴发表会、比赛、面试等重要时刻变得紧张、慌乱的经验。但这正是日本人的特征。

统合这一类型人的日本文化的特征是"相互协调合作的自我观"。即优先与他人之间的联系，将重点放在协调性上，对违反社会规范具有强烈的畏惧感。

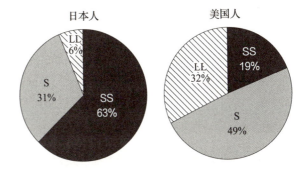

图 5-2　从血清素运转体角度来看的日本人与美国人的差异
搬运抑制攻击的神经传递素——血清素的血清素转运体遗传多态性分为极少的 SS 型、较少的 S 型以及较多的 LL 型。日本人与美国人的类型比例各不相同。日本人中较多的 SS 型是不安感强烈的类型。■

在"全员平等"这一默认前提下运行的初中、高中等环境中,这一文化倾向有可能成为巨大的压力。请想一想,在自己的学校生活或与朋友的关系中,存在此类情况吗?你可曾因为在意他人眼光而放弃自己的意见?或许也曾因中午必须和谁一起吃午餐而倍感压力吧?与朋友一起行动会带来安全感,但如果太过头了,或许就会变成一种痛苦。本来没这心思,但必须和谁结伴去洗手间,或是必须立刻给收到的电子邮件回复……你是否有过这种强迫观念呢?

这或许是在日本人中占一大半的拥有强烈不安感遗传因子的人,因相互感到不安而创造出的习惯。又或许是与这一习惯相匹配的拥有强烈不安感遗传因子的人更能适应日本的社会。无论是哪一种情况,如果相处顺利,将形成良好的合作关系;如果太过头了,则可能陷入糟糕的境地,变得相互折磨,或是将与自己一方基准不相符的人作为异端来排斥。或许,我们有时需要对自身的特征或习惯有所认知。

无法识别表情的人

让我们也来聊一聊识别表情的能力。如果无法很好地识别对方的表情,将会怎样呢?

当我们看对方的脸时,也能同时看到表情。第 2 章中曾提到过哪里都能看见脸的疾病,患这一疾病的患者在每张脸上都能看出表情——或是看似悲伤,或是看似高兴。除此之外,认为能见到幽灵的人,也都声称幽灵有表情——或是面带怨恨,或是面带感谢。在并不存在脸的地方看见人脸时,也能看见这张脸上的表情。

这一现象也适用于人类以外的"脸"。曾有摩托车为了防止儿童事故,特意将车头正面设计为看似恐怖的脸。从正前方看,汽车或摩托车的两个车头灯好比左右眼,看起来就像人脸。利用这一点,可以将车头灯设计为看似愤怒的眼睛的形状,以达到恐怖的效果。

在各种情感中,恐惧的情感尤为重要。因为掌管恐惧情感的是大脑中的特殊区域——杏仁核。"恐惧"的感情事关生死，心生恐惧之时，身体也会打寒战，想要赶紧逃离所处的环境。在大脑开始思考前，身体就已先做出反应。看似恐怖的脸的摩托车正是利用了人的这一本能，让孩子们能避开车辆，防止交通事故的发生。

当看见像毒蛇那样的危险生物或恐怖表情时，杏仁核将变得活跃。例如，在街上见到双眼发红、手中握刀的人时，最重要的无疑是赶紧逃离现场。即使对于只看了一眼的对象，杏仁核也能做出反应。这一紧急反应使人本能地移动身体。

如果杏仁核无法很好地做出反应又将如何呢？杏仁核受到损伤的人，能识别笑脸、哭脸，却无法识别恐怖的脸。即使面对怒目圆睁、龇牙咧嘴的恐怖表情，也完全不知这样的脸意味着什么。

在第2章中我们曾提到，遭受虐待等体验将使杏仁核受到损伤。而杏仁核的活动具有个体差异。美国有一个实验，对"白人是好人，黑人是坏人"这一强烈偏见与杏仁核活动之间的关系进行了调查。结果发现，持有越强偏见的人，其杏仁核的活动就越活跃。之所以实施该实验，是因为在美国，白人警察将枪口指向黑人的事件屡见不鲜。尽管听起来很可怕，但杏仁核活动较为活跃的人，有可能基于这一偏见做出错误判断。

另外，有的人却因杏仁核的活动生来就较弱，以致无法识别表情。这种遗传性疾病被称为威廉姆斯综合征。

其特征之一是，患者虽智力水平稍低，但很多人能演唱或用钢琴弹奏仅听过一次的歌曲，或是在音乐方面展现出很高的天赋。另外，他们也善于与人交流。与普通人相比，他们更容易与他人产生共鸣，能对他人的痛苦能感同身受，甚至能比本人感受更深。

尽管具有极高的共鸣性和社交性，他们处理恐惧的杏仁核的活动却很弱。他们与初次见面的人也能融洽相处，甚至到了让人感到过分亲昵和热情的程度。究其原因，正是因为他们很难产生恐惧的情感。不擅长避开看似危险的人物，也难以判断是否该逃离危险的处境。当遭到过路歹徒袭击时，我们必须瞬间做出判断并逃生；当遇到眼神怪异之人时，我们最好别去靠近。为了在世上生存下去，需要有适度的警惕心。至于何时需要警惕心，我们的情感会替我们做判断。

表情识别能力的发育

那么，我们何时开始具有表情、情感等的识别能力呢？纵观人体发育过程，可以发现文化差异。

婴儿从出生后7个月左右开始，能区别喜、怒等基本表情。并能在10个月左右时，通过偷看妈妈的表情来决定自己的行动。例如，被陌生人搭话时，婴儿会频繁地在意妈妈的脸。妈妈的笑脸是肯定的信号，僵硬的表情则是否定的信号。自己该微笑着和眼前的陌生人交流，还是该扭头无视，抑或是该哭起来……婴儿会依据妈妈的表情来做出判断。这被称为"社会性参照"。就像在第3章中谈的那样，实验证明，如果妈妈面带微笑，婴儿甚至会朝着假的悬崖前行。

这一时期，婴儿还会开始"认生"。当对谁都笑嘻嘻的新生儿阶段结束后，婴儿不再接受不认识的人。有的婴儿在被陌生人搭话时，还会惊讶地僵住并哭起来。迄今为止，婴儿的认生行为被认为是在出生后10个月左右大时开始，但最近在8个月左右大小的婴儿身上也能见到这一现象。

"认生"似乎存在文化差异。除日本以外，不存在与"认生"完全对应的词。婴儿期结束后"认生"现象仍然存在，可以说这是日本人的一种特征。由于稍稍离开孩子便会哭着追过去，所以妈妈非常受累的情况将长期持续。例如，连去厕所也得匆匆忙忙，或是难以让孩子乖乖坐到儿童安全座椅上，这类现象在欧美是比较少的。在日本，孩子与妈妈在一起是被容许的，但在欧美，孩子会被督促尽早地自立。在督促孩子尽早自立的欧美人看来，日本的亲子关系是有问题的。正如第3章中所展示的那样，依恋的文化差异已通过实验得到证实。若从欧美人的标准来看，日本人存在依恋性过强的问题。

在欧美，孩子会尽早自立，一个人睡觉。相应地，允许孩子拥有妈妈不在时起代替安抚作用的"过渡对象"。托人照管孩子时，受托方会说"如果有代替妈妈的东西，请一并交给我们"。史努比的朋友奈勒斯总拿着的那条又薄又软的旧毛毯，这正是能让孩子感到放心的妈妈的替代物。

这种发育上的文化差异，或许与前面提到的血清素转运体有关。但即使是文化差异，如果认生现象一直持续，也是一个问题。长大到一定程度之后，通过教育，即使是陌生人，孩子也能很好地应对。

那么，到何时才会不认生呢？事实上，认生这一现象与脑科学息息相关。面对陌生人所产生的不安感与杏仁核的反应相伴，4～17岁将逐渐降低。年幼孩子的恐惧反应强烈。如果小孩子能毫不介意地与陌生大人接近，则存在"被带走"的危险，或许阻止这一情况发生的防御措施被编入了感受恐惧的杏仁核中。

正如第2章提到的那样，看见恐怖面孔时的恐惧反应，在儿童时代到青年期将逐渐上升，长大成人后又将逐渐减少。人到了青年期，"被带走"的恐惧结束，但对于周围的表情，或许会产生比任何时期都更为敏感的反应。

第 6 章

男与女，大人与孩子

脸的成长和心灵的成长

威廉·阿道夫·布格罗《诱惑》(1880 年)

自分の顔が好きですか

大人的脸和孩子的脸

　　白人的孩子幼时开始五官便很立体，每一个看起来都很可爱。与日本人扁平的脸相比，着实让人羡慕。但若将他们的容貌与其父母所拥的有典型白人容貌相比，还是有相当差异，多少让人感到不解。当青春期来临时，如有机会与同一个白人孩子见面，会发现其可爱的容貌悄然消失，变成和父亲或母亲很像的白人平均相貌。

　　若观察好莱坞电影中有名童星长大后的形象，就能更清楚地发现其容貌的变化。下颚骨与鼻骨得到成长，脸整体也会变长。其结果是，童星时期脸部的标准比例有时会失去平衡。

　　尽管在人的脸上创造出美丑的神十分残酷，但时光的流逝对每个人来讲都是平等的。美貌不会永存。像白雪公主继母那般追求永恒美貌之人，只存在于魔之领域。美很短暂，会给每个人设定好其颜值的巅峰时期。

对颜值来讲，五官轮廓的平衡十分重要。要在成长中保持这份平衡相当困难，在某一年龄段拥有绝妙的平衡，但成长之后印象却发生了改变，这是常有之事。

从孩子到大人的成长过程中，伴随着脸部骨骼的变化。少年成长为大人后，眉骨隆起，下颚变长，脸部上半部分将变宽。这些变化在西方人身上尤为明显。

日本人的脸随着成长而产生的变化看起来很小。有的妈妈和女儿站在一起，甚至会被错认为姐妹。难道是因为日本人的脸凹凸感不明显，所以因成长而产生的变化小？西方人与日本人的区别我们稍后再谈，先来看看大人的脸与孩子的脸的区别。

如果重新观察一下周围人们的脸，就可以发现即使同为日本人，因时光流逝而产生的变化也有大小之分。既有一直长着一张娃娃脸的人，也有小时候就长着一张成熟脸的人。同样是上了年纪，外貌年龄却不相同，有时这真是一种烦恼。

到上大学左右的年龄为止，人们或许会对自己外貌看起来比实际年龄小而感到不满；但到了一定年龄之后，比他人显老却会成为一种新的不满。一般来讲，人们喜欢永不变老。这是因为，延缓衰老被视为健康和营养充沛的证明。当然，想要显得年轻，皮肤的光泽很重要。但外貌年龄的个人差异也受脸型差异的影响。

孩子的脸是圆脸，圆脸看起来显得稚气。其极端类型是，无论长多大都保持着可爱孩子的感觉，看起来不像大人。等显老时，早已度过了大人阶段，成了老奶奶。另外，随着成长，下颚会伸展，脸也将变长。也就是说，长脸的人看起来更像大人。

曾有实验调查过人们分别会如何评价成熟脸和娃娃脸。结果极具冲击性：长着一张成熟长脸的人，更容易被选为领导。仅凭外貌来决定印象,似乎有些不讲理。稍后我们会谈到,由外貌构成的印象是受性别影响的。在男性荷尔蒙的影响下,男性的脸变得壮实,脸的宽度也会增长。但在评价作为商业伙伴的可信度时,脸宽的、看起来很有男性气概的脸,却容易得到可信度低的评价。

为什么会产生这种可以说毫无道理的印象呢?这与人类本质的生物性相关。由生物进化而来的人,还保留着些许的生物性质,即留下继承了自身遗传因子的子孙这一铁的法则。在最后这章,我们将从孩子的脸和男女的脸的角度,来探讨在现代社会来看可谓毫无道理的这一铁的法则。

什么是"可爱"

成熟脸容易被选为领导,这一结果着实让人震惊。但是,娃娃脸也并非一无是处。一方面,娃娃脸容易被人小看,但另一方面,有着让人觉得容易亲近的优点。

娃娃脸很"可爱"。可爱的脸是最强的武器。许多研究均表明,长着一张可爱面孔的人很有优势。

如果被别人评价为一脸稚气,可能许多人无法认同;但如果对方使用的是"可爱"一词,人们或许会欣然接受。"可爱"也是由日本传播到世界的亚文化的一种。日本的媒体中充满了Hello Kitty、Pokemon等可爱角色。这些角色和周边商品被源源不断地出口至海外并得到推广。

"可爱"是日本的独特文化,因为在日本以外的其他国家和地区,"可爱"一词未必会作为一种肯定的意义被接纳。"美丽"一词是基于赞美来形容好的事物,与其相比,"可爱"一词或多或少包含着些许的轻蔑或否定。不仅是西方,与日本相邻的韩国等似乎也是同样的理解。

为何仅是日本将"可爱"视作褒义的表达呢?依据

对可爱表达进行分析研究的文学家四方田犬彦的研究，这种倾向可以追溯至平安时代日本古典文学作品《枕草子》㊀中的"物哀"思想以及《今昔物语》㊁等。日本人自古就有怜爱"无常事物"的心情和怜爱不成熟事物的文化。

另外，在心理学上，日本文化拥有宽容"撒娇"的特征。或许是因为日本社会有着宽容他人的弱点、宽容"可爱"等不成熟状态的温和之处。

随着近来"可爱"文化的流行，"可爱"这一表达也发生了变化。各位读者是如何使用、感受和理解这一表达的呢？例如，你是否有过这样的经历：在学校晨会上偶然见到平日让人心生恐惧、难以接近的校长的一个意外举止，大家异口同声地直呼"可爱"。如果有，在说出"可爱"的前后，大家的心情有什么变化吗？

"可爱"原本是针对小而弱的事物的表达，并不会用在作为长辈的老师身上。因为用可爱来形容本应尊敬的对象，被认为是一种失礼的行为。

因此，用"可爱"来形容长辈或上司，是一种居高临下的表达方法，颠倒了相互的地位、立场。但这绝非意味着蔑视对方。这是因为被形容的一方或许会感觉害羞，但并不会觉得不愉快。

揭开这一谜题的关键在于"可爱"的新使用方法。例如，将"可爱"加在其他形容词之后，组成"丑却可爱""恶心却可爱"等新的表达方式。加上可爱之后，本是否定意义的"丑""恶心"等词的印象也发生了改变，总的来说，变成了肯定的印象，并给人以友好、放松和亲切之感。

㊀ 《枕草子》为平安时代女作家清少纳言创作的随笔集。——译者注
㊁ 《今昔物语》为日本平安时代的民间传说故事集。——译者注

可爱或许是表达友好、和睦的魔法词。用"可爱"来形容原本疏远的老师，可以让其变成亲近的存在。或许，无意中让自己站到保护对方的立场，可以使自己重新感受对方的优点。对被形容的一方来讲，应该也会觉得形容自己可爱的人变亲近了。

"可爱"所带来的这种怜爱之心，或许可以说是日本人的特征。

解析"可爱"

总体来讲，美女型女演员中，长脸者居多。相比之下，充满亲切感的偶像中，可爱型的圆脸者居多。不仅如此，请大家试着观察一下身边的各种角色——Pokemon、Hello Kitty等各种动漫角色也是圆脸。

除了能给人以可爱印象的圆脸之外，还有一些能展示可爱特性的身体特征。诺贝尔生理学或医学奖的获奖者——动物行为学家康拉德·劳伦兹（1903—1989）列举了展示可爱的特征。

这些特征如图 6-1 所示：相对大的头、过大的头盖重量、位置靠下的大眼睛、丰满鼓起的脸颊、粗短的手脚、柔软并有弹性的皮肤，以及笨拙的行动方式。这些特征被称为"婴儿图式"。

我们身边的布偶玩具或其他玩具中，应该也能发现这些在孩子身上存在的特征。布偶玩具的大肚子和大头体型、可爱吉祥物的笨重步态……从这些天真烂漫的容貌、身姿、动作、步伐中，我们不难找出可爱之处。"可爱"特征的对象并不仅限于生物，形状圆溜溜的可爱汽车身上也能找出这些特征。所有这些对象均发挥着"婴儿图式"的特点。

可爱的风采为何能得到如此广泛的渗透呢？实际上，"可爱"十分特别，和生物与生俱来的属性紧密相关。

可爱是孩子的特征。对生物来讲，养育孩子、留下自己的子孙是最重要之事。一旦发现柔弱的孩子，必须立刻保护起来。因此，当发现孩子所具有的特征后，在大脑进行思考前，人类就会在本能的驱使下迅速反应，将其保护起来。

对于和孩子具有相同特征的对象，人类会自动产生反应。一旦发现与孩子相同的特征，人类会像不由自主地想要保护弱小的孩子那样，情不自禁地投去关注的目光，涌起将其拿到手里的冲动。也就是说，婴儿图式会刺激人与生俱来的本能。

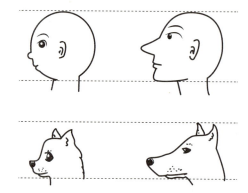

图 6-1　婴儿图式
大大的头和位置靠下的眼睛。我们可以在身边的布偶玩具或其他玩具以及动漫角色身上找到这种拥有孩子形态特征的"婴儿图式"。■

那么，正如婴儿图式的特征所显示的那样，"可爱"不仅表现在容貌、风采上，也表现在动作、举止上。笨重的动作能显出"可爱"。如果重新环顾一下周围，你应该可以发现机敏地抓住这一点来巧妙表现自己的人。

例如，走"天然呆"路线的明星或偶像，可以将小小的失败转化为魅力，其笨拙的步态或失败能招人发笑。许久以前，有的偶像还会在唱歌时故意跑调，这也被视为一种魅力。

高音也是取悦型"可爱"的一种表现。人类的婴儿和动物的婴儿在呼唤父母时，均会发出很高的声音。

有些人还会发出比天生嗓音还要高的嗓音。由男性来扮演女性的旦角，所使用的也是假声；进行了性别转换的原男性，也必须依靠自身力量来改变声音；有人还接受发声训练，拼命练习发出高音。稍后会做说明，这是因为与男性相比，女性更为幼态化。

接下来，让我们来思考一下"可爱"举止的反向极端。例如，环球小姐竞选。其幕后景象在电视节目中也有播放，候选者们训练的艰苦程度着实让人感叹。为了展现女性之美，她们需接受彻底训练，以实现无懈可击的美丽姿态和言行举止。

大家觉得这种极致之美如何呢？

候选者们视为目标的成熟女性的优雅举止着实美丽，但太过完美。成熟女性之美与"可爱"是两个不同概念。如果说可爱是源于日本的文化，那么环球小姐的美则是基于西方标准的美。二者之间存在文化上的差异。

亚洲人显年轻？

我们知道，可爱的脸具有与生物本能紧密相连的强大魅力。依据生物学家蒙塔格的理论，与其他生物相比，人类的幼形化十分强烈。这被称为"幼态持续"。

将新生儿的样子与其他动物相比较可发现，人类出生时的状态极为不成熟。与生下来就能走路的动物相比，出生时脖子还不足以支撑头部的人类婴儿简直是气力不足，即使出生一年以后，如果得不到父母的抚养，也会失去生命。这么柔弱的生物，也就只有人类了吧。

这种不成熟也体现在身体特征上。前面我们提到，人在长大后脸会变长。其实，婴儿时期圆圆的头盖骨，也会随着成长而变长、变结实。人类的头盖骨即使成长也仍显幼态。人类成人个体的头盖骨，仅与黑猩猩、大猩猩幼年时期的头盖骨类似。除头盖骨外，骨骼柔弱、体毛很少等也是人类幼态持续的表现。

其中，女性的幼态持续更为显著。

例如，从头盖骨形状来看，女性头部圆、下颚小、头盖骨大。从身体特征来看，女性体毛稀疏、皮肤细腻、身材娇小。

就性别来讲，女性的幼态持续更明显。就人种来讲，东亚人（中国人、日本人等）的持续更为显著。

东亚人的脸较为扁平，即使在长大后也无法变成西方人那样骨骼发达、凹凸立体的脸。大大的头、粗矮的体型、鼻子扁平的脸……考虑到这些，我们不得不承认亚洲人具有更显著的幼态持续特征。此外，与西方人相比时让日本人感到自卑的体格和容貌的缺点、腰身长而苗条的骨骼，以及宽脸盘均是幼态持续的表现。顺便说一下，在做美容整形时，亚洲人拼命想将扁平的鼻子整高；而对欧美人来讲，将过长的鼻子削短，并使其稍稍朝上才是理想状态。

幼态持续特征显著的亚洲人，其男女间的差异很小。亚洲男性可能很容易换装变身为女性。参加泰国人妖美人竞赛的美女们，其风采完全让人无法想象其原本是男性。

为了调查人们对脸的看法，有些研究用计算机图形人工制造出了各种各样的脸，以此来探索人们对脸的印象。即，对各种脸进行平均或合成，制造出与设想相符的脸。

让我们来看一下其中对孩子的脸进行模拟实验的研

究。该研究按照名为"心形线转换"的方程来进行图像转换，得到了不可思议的结果：无论什么样的图像经过转换，都能变得像娃娃脸（见图6-2）。此外，该研究还能尝试去再现孩子的脸或成长后的脸。即使是对汽车图像实施心形线转换，也能变得像娃娃脸。由此可知，人们是在依据画像转换法则来观察脸。

另有一项实验，利用合成脸来调查日本人和英国人对男女面孔的识别方法是否不同。实验分别用20张日本男女的脸以及20张英国男女的脸来制造出男、女的平均脸。在此基础上更换上脸的各种特征，来调查人们对于男女的识别判断是否会走样。

实验结果显示，发达的下颚是识别英国男性时的有效特征；而粗眉毛是识别日本男性时的有效特征。人种不同，区分男性与女性的特征也可能各异。正是因为日本男女下颚的骨骼差异小，所以眉毛才会成为识别男女的有效特征。这一结果充分展示了亚洲人与欧洲人的脸部差异。

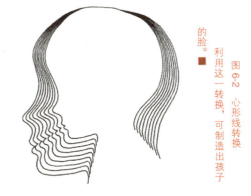

图6-2 心形线转换 利用这一转换，可制造出孩子的脸。

男女差异、脸与社会

仅依靠脸部,你能判定出男女吗?近来,日本电视上男扮女装的艺人逐渐增多。仅凭电视中的容姿,很难猜出其是男是女。

等年纪增长到"阿姨"级别时,这一判断会更为困难。女性上年纪后,会看起来像大叔。男扮女装的艺人中,注射女性荷尔蒙的人似乎也很多。因此,女性荷尔蒙的量或许对男女的容姿差异有着巨大影响。

另外,通过观察已成白骨的尸体的脸部骨骼,能得知尸体的性别和年龄。因为男性下颚及牙齿偏大,女性下颚小且圆。

纵观各类生物,雌雄容姿相异的物种非常之多。这被称为"性别二态性"。鹿角虫、独角仙、孔雀、鸳鸯等生物,其雌雄的容姿有极大不同。

若论雌雄在体格大小上存在差异的动物,与人类相近的灵长类大猩猩便是一种。雄性大猩猩体格明显大于雌性大猩猩,雌雄黑猩猩间的体格差异却并不明显。有一种学说认为,雌雄动物的体格差异与该物种的社会结构相关。雌雄体格差异大的大猩猩,其社会关系是有由一头雄性来领导多头雌性,为保护家人,领头的雄性大猩猩将一个人战斗。如若失败,领头位置将被取代,社会关系相当严酷。而雌雄体格差异小的黑猩猩,则是复数的雄性和复数的雌性共存的社会关系。在对雄性要求严格的大猩猩社会,体格强大的雄性的存在成为必然。

那么,人类的男女差异和社会构成,是与大猩猩相似,还是与黑猩猩相似呢?

有一种说法是,人类处于大猩猩和黑猩猩之间。但近年来,男性的中性化可能正在加速。比如男性也开始在美容院除体毛和剃须,男性化妆也成为比较普遍的一种现象。例如,像洗脸皂之类的基础化妆品,应该很多男性都在使用吧。更有名的话题是，韩国的男性总统为了使皮肤显得好看，还接受了微整形。这种行为也逐渐开始被部分男性所接受。男女间的差异或许正逐渐地被人工缩小。

当然，即便如此，"化妆是女性专属"这一固定观念仍然根深蒂固，女性也更为在意自己的身材。人类男女的差异，或许就在于这种梳妆打扮的差异。

对于自己在周围人中的印象如何这一点，女性也有着更大的压力。这一压力大约开始于青春期。正如在第4章所谈到的那样，甚至存在因厌食引发的"青春期消瘦症"这一青春期特有疾病。20世纪80年代的美国著名歌手卡伦·卡朋特便是因为厌食症而去世。

当今时代，谁都拥有变瘦的欲望，绝大多数人也都经历过减肥。正如第4章所说，在心理疾病中，青春期消瘦症是有名的难治之症。总的来讲，认真的、一丝不苟的人更容易患上。

他们有时在减肥上过于一丝不苟，以至所设定的自我体像目标逐渐扭曲，变得拘泥于极端的体重数值，在不保持身体健康的情况下消瘦下来，并以此为美。这样的悲剧或许正在我们身边发生。太过在意别人对自己形象的看法也是厌食的原因之一。

究其开端，时尚杂志中过瘦的模特也是一个问题。并且，与10年前相比，近来服装的尺寸也变得更小。比这些更为严重的是对象的低年龄化——正是能吃、长个子时期的孩子们，比起成长更在意体形，不得不说是一个大问题。

希望变瘦的愿望恰好符合共鸣性强的女性的本质。一般来讲，女性共鸣性强；男性则擅长将事物数据化、系统化。尽管其科学根据尚在探讨之中，但以此对比来思考男女间的差异，或许十分重要。

虽然时代不同、方式各异，但青春期女性总会想方设法地表现自己。将皮肤晒黑的女孩、染茶发的女孩、缩短制服裙穿着泡泡袜的女孩，以及哥特系萝莉等均是善于表现自我个性的现象。这或许是因为共鸣性强的女性很在意周围的目光，想向社会表现自己的特色。另外，这个年纪的男性擅长系统化、拙于社会性，可以说有些偏向御宅族的性质。或许，基于男女的特性、社会的特性来想象未来社会中的男女变化也十分重要。

从进化角度思考魅力

就像历史上的埃及艳后克利奥帕特拉、杨贵妃那样，外表的魅力果真具有改变历史的力量吗？从留下继承自身的遗传基因这一铁的法则来看，外表魅力具有十分强大的力量。因为如有机会与更好的对象结婚，则有可能以更佳的条件留下自己的遗传基因。

但现代人的处境更为复杂。这是因为现代人既具有生物共通的本来性质，又具有以复杂的人类社会为背景的社会性质。

在本章开头我们谈到，极具男性气概的脸，容易被认为缺乏作为商业伙伴的可信度。这也反映了人类社会的复杂性。

从生物性质讲，男性的魅力在于守护自己的子孙。例如，在印度灰叶猴群体中，将旧头领赶走的新头领，首先会一个不剩地杀光旧头领的孩子。尽管十分残酷，但也是为了留下携带自身遗传基因的孩子而采取的战略。为此，为了保护自己的子孙，必须要有强健的体格。生物界就是弱肉强食的世界。

而在公开争斗减少的人类社会，情况有所不同。攻击性强的个体，更多的是遭到排挤。

这一现象已经得到实验证实。对男性的脸的平均值进行男性化及女性化加工，然后交由女性评价。结果，无论在日本还是英国，女性化的脸都更受欢迎。

实验参与者对男性化的脸的印象是：看似冷淡、不温柔、缺乏合作性。女性化的脸则给人以温柔、情感丰富、正直、具有合作性等的印象。结果，男性化的脸被认为当不了好父亲；相反，女性化的脸却被认为能成为优秀的父亲。在人类社会，比起力量的强大，女性更需要的是能帮忙育儿的男性。在公开争斗减少的人类社会，人们对男性的脸的偏爱也存在幼态持续现象。

但是在某些情况下，人们的偏好也会转向生物本来的性质。在以上实验中，当让参与者选择玩伴时，大家会选择男性化的脸；相反，选择终身伴侣时，则会选择拥有女性化特征的男性的脸。另外，女性在性周期的不同阶段，会对男性有不同的偏好。例如，女性在受孕期间喜欢具有阳刚的气概、声音、体格，能采取优势行动的男性。由此可以看出人类既需作为生物来守护自身后代，又需在人类社会抚养自身后代的纠葛。

有的研究利用社会调查来探究人类的生物特征。例如，有研究发现，若1岁以内父亲不在身边，在此环境下长大的女性性成熟早、青春期早、初次分娩的年龄也早。父母的影响也存在于其他方面。例如与出生时父母很年轻的大学生相比，出生时父母已满30岁的大学生更容易觉得上了年纪的脸有魅力，不会拘泥于脸的年轻程度。另有调查结果显示，在美国，高中时代很受欢迎的人，往往结婚早、孩子多。

即使共处一个社会，家庭环境不同，价值观也会各异。将人类作为生物的一种来看待的进化论，很好地解释了这种个人差异。但是，如果将这些生物属性赤裸裸地展示给人们看，人们往往难以接受。因为这冲击了人类社会一直掩盖的要点。当然，这种解释本身正确与否尚未可知。但无论如何，若按照进化论解释，则子孙后代的留存方式也是存在个人差异的。

在第3章中我们曾介绍过，对女性来讲，同性的面孔也很有魅力。这一现象背后其实也存在进化上的理由。因为在远古时期人类的生活方式中，女性与有血缘关系者的人共同居住，一起协作抚养后代。这种倾向至今仍然存在，并影响着女性的喜好。实验表明，在受孕可能性高的时期，女性会被与男性相关的气味所吸引。但在备孕期间，女性却会被同性的气味吸引。此外，与怀孕相关的黄体酮荷尔蒙增多时，女性会被与姐妹、表（堂）姐妹、母亲、阿姨等亲属相似的脸吸引。

从进化角度来思考魅力，可知悉许多意想不到的缘由。当然，这种解释只是思考方式的一种，正确与否尚未可知。如果能作为大家思考人类时的一个启示，以此为契机重新思考我们的生活，我将感到无比开心。

"美丽容颜"有标准吗

俊男靓女的基准到底是什么呢？脸部的肤色及特征均不相同的西方人与东方人，在美的标准上是共同的吗？观察平安时代、江户时代[1]的美人画可知，美并没有绝对的标准，而是随着流行而变化的。

在这里，让我们来考虑一个问题：江户时代实施锁国政策，对于只见过日本人脸的人来讲，能分辨出西方人中的美人吗？

仔细一想，日本的国门向西方打开后，美的标准也发生了变化。如此看来，美的标准是随着流行而变化的。那么具体是怎样变化的呢？

让我们先来复习一下前面的内容。前面提到，人们对脸的评价标准会随环境变化而变化。其实，在评判美人时，这一规则同样适用。

有一种学说认为，美人的标准是平均脸。平均脸

---

[1] 1603～1867年，日本古代历史时代之一。——译者注

的形象受人们在生活中所见过的脸影响。因此,所见过的脸不同,美人的标准也会不同。这样一来,平安时代的美人画究竟是否能代表平安时代的美人标准,就值得我们深思了。因为美人画是由贵族描绘的,只能说画中形象对于没有见过平民脸的平安贵族来讲是美人。

让我们来重新思考一下自己对脸的标准吧。如果生在日本长在日本,那么周围一定特别多日本人的脸。但是,现代社会与江户时代不同。在现实社会中遇见的朋友、家人、亲戚的脸,或许比江户时代少。我们所见到的许多脸,是现实社会中并未遇见的,出现在电视、网络或者杂志中的脸。

生活在现代社会的我们,被包围在媒体的洪流中。能经由电视、网络见到从好莱坞明星到韩国明星的世界各地俊男靓女的脸。我们所见的俊男靓女的脸如此之多,放到迄今为止的其他历史时代简直不可想象,平安贵族或江户时代的人们见到,或许都会惊得合不拢嘴。各位读者应该也是在这样的环境中长大的吧。

与历史上相比,当今时代的美人标准提高了非常多。现在之所以出现执着于帅哥的风潮,看脸的标准过高或许也是原因之一。若按这样的高标准在现实中选择配偶,可能很难找得到。

作为展现魅力的容颜评价标准虽已全球化,但仍包含着各种文化固有的特色。第5章谈到的不同文化在观察表情时的看法差异亦是如此。例如,日本人会将偶像组合作为一个整体来评价其魅力,但欧美人仅会将偶像组合的中心人物作为评价对象。

在环球小姐、国际小姐等竞赛中,要对众多国家的多样化魅力进行评判十分不易。曾有研究发现,在被公认为有魅力的脸中,男性的脸很相似,女性的脸却颇具多样化。由此可见,要对美人进行统一评判相当困难。

但也有调查显示,异文化间的脸的美丑判断一致率高达90%,不一致率仅为10%。其中应该也包含在照片中的上镜程度而造成的魅力差异。曾有个研究,分别在日本和英国进行实验,让参与者从照片中选出"知性的脸",结果两国得到的结果基本一致。看起来困倦的脸不会给人以知性之感,看起来聚精会神的脸则会给人留下知性的印象,这是理所当然的。

民间有一种展示普遍性美的标准——脸的黄金比例。古代希腊人定义的黄金比例,是指长方形的长为宽的1.618倍(见图6-3)。但很有意思的是,为何会是这个标准,至今仍是一个谜。

接下来,让我们探讨一下能为更多地留存自身遗传基因做出贡献的,与直接进化相关联的魅力。

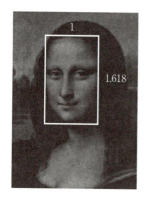

图6-3 脸的黄金比例
拥有这一比例的脸被认为是有魅力的脸。但果真如此吗?

健康是美的标志吗

英国的一项研究显示：美人可以遗传。如果父母的容貌颇具魅力，孩子的容貌也很容易具有魅力。但这一遗传仅限于女性，男性不在其中。

究竟什么是魅力？

南美、俄罗斯、北欧等特定区域被誉为美人的产地。有的传说认为维京人将金发美女掳劫到了这些地方，或是黑手党将喜爱的女性带到了这些地方。由此可见，在漫漫历史长河中，美人与拥有强大势力者的联系十分紧密。这也意味着，魅力女性拥有更多机会被有权势之人选在身边，过富足的生活，留下众多的子孙。也就是说，从进化论角度来讲，魅力能为留存自身的遗传基因做贡献。

为了实现留存遗传因子的目的，宣传自身的健康尤为重要。因为在留下子孙这件事上，健康是一大魅力。女性化妆时会强调嘴唇与脸颊的红润，因为丰满的、红润的嘴唇和脸颊可以说是健康的标志。

在物质生活不如当今丰富的时代，丰满的女性被视为有魅力。因为丰满是健康和生活在富足环境中的标志。到了现代社会，比起单纯的丰满，健康的饮食生活更为重要。有实验证实：看似不健康的眼袋及粗糙的皮肤容易遭人讨厌。另外，摄入充足蔬菜后，人的肤色泛出红润。拥有这样肤色的脸会被评价为有魅力。

与拥有黄金比例的脸相同，形状上左右对称的脸也极具魅力。从进化论角度来讲，左右对称也是健康的标志。

左右对称的脸被视作无重大疾病的标志。实际上，人若在食物不足的状态下成长，发育将受到阻碍，变得体型小且不对称。也就是说，身体的左右对称性是在营养充足环境下成长起来的标志。综合多项调查研究可知，身体左右对称的男子在智力成绩、赛跑上均优于非对称男子，同时也更擅长跳舞、唱歌，不容易变忧郁，声音也更健康。

尽管左右对称性是身体能力优异的佐证，但魅力的判断依然复杂。这是因为，毫无虚假、完全真实的表情具有非对称性。我们在前面谈到过，人们倾向于观察脸的右侧来判断整个脸。有数据显示，76%的人的微笑表情在右脸表现得更为明显，也就是展现出非对称表情的脸是自然、诚实的证据，自然也是一种魅力。就像我们已经谈到过的那样，对脸来讲，最重要的是表情。在评判魅力时，表情的非对称性或许也是重要因素之一。

有研究表明，魅力的判断也受选择一方所持能力的强烈影响。调查显示，认为自己容貌高于平均值的女性，更容易认为左右对称的男性的脸有魅力。为了有效留存自己的遗传基因，必须选择更佳的伴侣。对自己有自信、有实力挑选对象的人，在选择上更重视把对象作为生物的特性。

脸与内心的关系

从9岁到正是青春期的15岁，人的下颚及眉毛将会成长。即使脸的成长已经完成，但相貌仍会随着表情的变换而展现出不同的风采。在不久的将来，皱纹即将登场，衰老也会加剧。人的一生中，相貌是会不断变化的。

我们的内心能追赶上不断变化的相貌吗？即使长大成人，我们的内心有时也追赶不上自己逐渐衰老的脸。此时，如果本书能对大家稍有帮助，我将无比欣慰。

人类认脸的能力会通过各种不断的体验不断成长、提高，直到30岁。从支撑认脸能力的大脑发育来看，在青春期，控制消极情绪的杏仁核尚未成熟。正因如此，容易出现过于敏感的反应，容易受周围影响，也容易做出不正当行为。不受控制的大脑，易受药物影响，与成人相比，更容易遇到问题。因此，饮酒、吸烟均有年龄限制。在平衡易被打破的青春期，十分有必要掌握自身的脸和大脑的掌控状态。

在这一小节的最后，让我们再聊一个话题——性格。认脸能力存在个人差异，性格可以说是这种个人差异的扩展版本。

有心理学家认为，性格的50%能从遗传基因中找到说明。也有研究表明，部分性格在婴儿期就能看出。把彩色玩具给出生后4个月的婴儿，通过观察婴儿的行为可以发现，有的婴儿讨厌新玩具，有的婴儿则十分喜欢。这两种不同的行为与婴儿长到11岁时的性格相关：前者性格腼腆，后者善于社交。是否接纳新事物，可以说是与生俱来的性格的基础。

有研究表明，人们读取脸的能力，尤其是从脸上读取性格的能力的高低，与个人的社交性有关。多疑、冷静的人擅长从别人脸上读取性格。相反，坦率、气度大的人则不擅长。第1章中提到的看面相虽然无科学依据，但我认为从脸上还是能推测出一个人的性格的。因为常做的表情会反应在相貌上，成为揭示个人性格的根据。

此外，还有一种主张，认为形成男女差异的男性荷尔蒙对脸和性格也有影响。男性荷尔蒙睾丸素形成赋有男性气概的脸，同时，也形成优越性及独断的性格等特点。也就是说，赋有男性气概的脸和性格是相互关联的。或许，脸与性格在某种程度上是相关联的。

无论怎样，一个人的内在会折射到表情上，变得可视化。升华内在是实现"魅力脸庞"不可或缺的条件。

脸在与人交往间形成

最后，我们不能忘了脸是在人与人之间存在。已经重复不停地说过很多次了，最后还是再说一遍吧。

请看图6-4，左右各有一个男性，中间是女性的照片，上下两层基本是相同的构成，左侧的男性上和下的印象能看出发生了变化吗？下面的男性或多或少更有魅力，或者说感觉有些姿色。

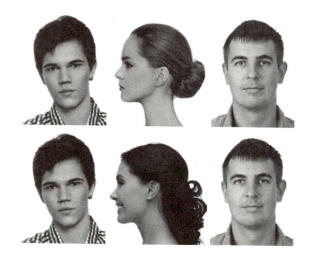

图 6-4　左右两边的男性，哪个更有魅力呢

下面左侧的男性多少感觉更有魅力吧。实际上，左右两个男性上下的相片是相同的。把周围挡上仔细看一下，只是在中间的女性表情不同。因女性的表情而使被注目的男性的印象发生了变化。■

来公布一下答案，左侧男性上下的照片是完全相同的。不一样的只是一直盯着左侧男性的女性的表情。

上面的女性没有表情，下面的是笑脸。盯着男性的女性的脸是笑着的，所以她注视的脸就被认为更有魅力。当然，这一结论成立的默认前提是中间的女性在对左右两侧的男性进行比较。这样一来，使男性的脸庞看起来发生了变化。

脸，存在于和人的联系中，在和人的联系中被评判。想要拍出好的照片，被拍照人与拍照人的关系十分重要。有结果表明，女性还是由男性摄影师来拍摄更有魅力，男性在和女性说过话之后拍出的照片更受大家喜欢。照片中的男性更容易被女性视为可以长期交往的伴侣。

和本章中关于脸的魅力所提到的内容感觉有些矛盾，如果只是通过外表的美丑来判断人的脸的话，作为人类来说可能过于单纯了。对动物来说，释放魅力只是一种本能，而人类生活在比动物复杂得多的社会当中。在这样的社会当中，"很棒的脸"要比漂亮的脸更重要。

在复杂的人际关系当中，你能不伪装自己、不欺骗他人，快乐地生活吗？能珍惜自己和他人吗？只有这样的生活方式或许才可以在脸上展现出人类的魅力吧。殷切寄望大家都能成为展现出这种魅力的人。

后　记

笔者虽然研究脸，却既不擅长记脸，也不喜欢化妆，甚至讨厌照镜子去看自己的脸。如此的我却写下了本书，真是不可思议。

回顾过去，我也曾因"自己或许不懂脸"而烦恼。并不是我记不住脸，而是丝毫不觉得周围所说的"美人"很美。从懂事开始，我所中意的便是大眼睛、小鼻子、留着圆圆茶色卷发的偶像。但在周围的大人们看来，这样的偶像跟"美人"毫不沾边。大人们所说的"美人"脸，是那种看似寂寞，且长着忧郁眼睛或是厚厚嘴唇的脸。但在我看来，这样的脸和被评为"难看"的艺人的脸一模一样。

这样的我没有摆架子高谈阔论的资格，但如今一想，应该是偶像们的脸对孩子们来讲很好理解。漫画中的人物也可能是同样的情况。但是美丑只是在看脸时最单纯的基准之一而已，更加深刻地了解脸才是本书的初衷。

我小的时候并不理解"美人"这个概念，长大之后开始对"很棒的脸"变得敏感了。写这篇后记时是2月，我遇到了许多"很棒的脸"。

大学教师是和很多年轻学生相接触的工作，大学入学考试时是接触最多的时候。通过普通入学考试和面试，我看到了许许多多考生的脸。

在留学生面试中，也有意味深长的相遇。或许和表现出认真劲儿的日本人不同，看着光鲜亮丽像艺人般的证件照片，让我不安地想："这孩子是来日本玩的吧，能认真学习吗？"在面试中，会有和照片看起来一点儿也不像的学生前来，这会让我感觉沮丧。难道是"很好"感觉的证件照片反而让印象变得更差了？

回到"很棒的脸"的话题。入学考试时，面对眼前拼命答题的考生们，我不禁看得入了神。因为大家都有很棒的脸。从考生和其家长的角度来说，我可能会被叱责"管闲事"。备战考试理所当然是很有压力、很讨厌的事吧。但考生们专心答题的脸，确实是很棒的脸。

重新考虑一下，我们之所以会狂热的体育项目和选手，不正是因为比赛中那种认真的脸是"很棒的脸"吗？

看着这些考生，我心里希望他们一直能在人生中展示出这样的脸。

一般来讲，大家认为大学新生的脸很棒。像我这种觉得考生的脸很棒的想法，或许大家会觉得古怪。但是，现在日本大学的新生，并没有入学考试时那样很棒的脸。日本的大学，有"考上了就不用学习了"这种不成文的想法。在活动小组招新上可能会有一张"很棒的脸"。但至少在教室中，能看出或多或少缺点儿认真劲儿的散漫态度隐隐约约地显现在学生的脸庞上。"从今以后会留很多的课题和作业哦"，我这样稍微威胁一下的话，就会有学生变成带有紧张感的"很棒的脸"，所以果然他们还是认真劲儿不足啊。

不要想着抄近道投机取巧，为了提高自身价值而真心去努力，也许这才是很棒的脸的条件。

另外，我感觉很不幸的脸，是那种空虚的像纸糊的戏剧道具似的大人的脸。说成是表情贴在了脸上好呢，还是说所干的职业直接贴在了脸上好呢……总之很难表达。但即便是相同职业，也有表现出很自由的脸的人，所以说是头和脸变得很僵硬比较恰当吧。当然，他们并不是有什么疾病。年龄增长了，但他们并没有从自己的躯壳中迈出一步，脸上缺乏足够的宽容。我很在意那种脸的存在。

对父母给予自己的容貌感到满足的人，应该几乎没有吧。即使是那些被父母赐予了精致容貌而受到别人羡慕的人，也会对一些无足轻重的烦琐小事感到烦恼。为什么自己的鼻子有些低呢？为什么不是双眼皮呢？……可能会说出一大堆事情来。

这样的想法会持续一生吗？持续一生的话只能说很不幸，但这种不幸是自己揽的，而且要靠自己的力量去解决它。

招致不幸的并不是脸，而是不知道和脸的相处方法。要真挚地面对自己的内心，不断地进行磨炼。这样才能构筑起属于自己的很棒的脸。

充分了解自己与生俱来的特征，即使存在关键的先天性问题，也要努力去克服。那种积极向上的态度才能让人迸发出魅力，不是吗？而我们通过动物性的直觉也能感受出这种魅力。它也被称为气场，或被叫作氛围，或者归结为"表情很赞啊"这样的话。本书的读者，希望你能成为理解那种脸的魅力的人，能够更深层次地享受人生。

山口真美

2016 年 3 月

参考文献

1. コール，ジョナサン『顔の科学—自己と他者をつなぐもの』茂木健一郎監訳，恩蔵絢子訳，PHP 研究所，2011 年.
2. 日本顔学会編『顔の百科事典』丸善出版，2015 年.
3. 山口真美，柿木隆介編『顔を科学する—適応と障害の脳科学』東京大学出版会，2013 年.
4. Perrett, David, *In your face: The new science of human attraction*, Palgrave Macmillan, 2010.

图片来源

图 1-1
Perrett, David, *In your face: The new science of human attraction*, Palgrave Macmillan, 2010.

图 2-7
Thompson, P., Margaret Thatcher: A new illusion. *Perception*, 1980, vol. 9, no. 4, pp. 483-484.

图 3-1（上）
Wollaston, W. H., On the apparent direction of eye in a portrait. *Philosophical Transactions of the Royal Society of London Series B*, 1824, vol. 114, pp. 247-256.

图 3-2
Kobayashi, Hiromi & Kohshima, Shiro. Unique morphology of the human eye. *Nature*, 1997, vol. 387, pp. 767-768.

图 3-6
Otsuka, Y., Motoyoshi, I., Hill, H. C., Kobayashi, M., Kanazawa, S. & Yamaguchi, M. K., Eye contrast polarity is critical for face recognition by infants, *Journal of Experimental Child Psychology*, 2013, vol. 115, no. 3, pp. 598-606.

图 4-2，图 4-3
Jenkins, R., White, D. Van Montfort, X. & Burton, A. M. Variability in photos of the same face. *Cognition*, 2011, vol. 121, no. 3, pp. 313-323.

图 6-2
Alley, T. R.（Ed.），*Social and applied aspects of perceiving faces*. Hillsdale, N. J., 1988.

图 3-4，图 3-5 左，图 4-5，图 5-1，图 6-4 ©123RF（修改：图 3-4，图 4-5）